お多福来い来い

てんてんの落語案内

Hosokawa Tenten
細川貂々

小学館

てんてんの落語案内

お多福来い来い

お多福来い来い てんてんの落語案内／目次

ブックデザイン●鈴木成一デザイン室

第1回
弱法師《よろぼし》
（菜刀息子《ながたんむすこ》）
思えば 落語に接する機会はけっこうあったのだ
子どもの頃
毎週日曜の夕方は「笑点」を見てたし
大人になってからはツレ（夫）に連れられて
ツレ
ワタシ
そば処天哲
落語会
おそば屋さんで落語会をしていた →
何度か落語会に行ったし

なにより
ツレが
落語好きで
家の中では
落語が
しょっちゅう
聞こえていた
志ん生
落語ベスト集
私の身近に落語は
いたのだ
落語
なのに
いつも私は
落語を
素通りしていた
それが
落語
落語
落語
じー
ある落語を
きっかけに
私は落語の
存在に
ようやく気づく
ことになるのです

それは「弱法師《よろぼし》」（菜刀息子《ながたんむすこ》）
噺家 桂文我《ぶんが》さん
という落語
落語好きの 釈《しゃく》 徹宗《てっしゅう》先生と 知りあって
釈先生主催の イベントに 行った時の ことです
落語LOVE!!
そこで「弱法師」という 落語をはじめて 聴きました
桂文我さん
仏像
お寺で開かれた イベント
ドキドキ
そういえば 上方《かみがた》落語 を聴くのは はじめて だなぁ
私が何度か落語を 聴いて感じてたこと
どこで笑って いいのか わからない
どこが おもしろポイント なのかわからない
オチが わからなかったら どーしよう
つまり まわりについていけるか不安

さらに
今回は
上方落語
文化のちがい
コトバがわかるの
かなぁ?
埼玉県出身
わりとマジで
キンチョーしながら
久しぶりに生の落語
を聴く
ガチ
ガチ
WMK
わりとマジでキンチョー

弱法師(菜刀息子)
あらすじ
紙を切る包丁を
買ってこいと
使いに出したのに
菜を切る包丁(菜刀)を
買って来た息子を
叱《しか》る父
父の言葉を
真に受けて
息子はどこかに
行ってしまう
誰がこんなもん
誂《あつら》えてこいと
言うた?
もおちいと
世間見て
こい
出て行けっ
堪忍して
やって

親子の物語か…
その頃 私は亡くなった母親との共依存状態にあったことがわかり
母
親子の在り方について考えていた
いつの時代も親子関係はむずかしいのかねぇ
この親子は一体どうなるんだろう…
いつ どこで笑えるんだろう…
ハラハラしながら続きを聴く
竹《た》ぁ〜けの子蕗《ふき》やぁ〜
スイカ〜 スイカ〜 種まで赤《あ》っかいよ〜
金魚ぉ〜え 金魚〜
栗《くり》屋 焼き栗 丹波渓《たばけい》の短栗
ミカンどおじゃい 甘いミカンどおじゃい
おおーしめ縄 飾り縄ぇ
私の気持ちとうらはらにおだやかな物売りのかけ声が続く
ハラハラ
ちょっとちょっと話の続きはどうなったの

ついこないだのよぉに思とりましたんですがもぉ一年余り経つんでおますなぁ
えっ
物売りのかけ声で一年を表してたのかっ!!
気づいて えらく感動する私
息子がいなくなって一年が経《た》ち
もう息子は死んだと思った父と母は
お彼岸《ひがん》の中日《ちゅうにち》だということもあり
供養《くよう》のために天王寺《てんのうじ》にお参りに行く
その天王寺の鳥居の下でおこもさん(乞食)になった息子にばったり出会う
でも せっかく出会えたのにムシして帰るという父
あっ
若い時のもおひと苦労さしてやれと言うのじゃわい

菜刀誂えまして
難渋《なんじゅう》いたしております
パチパチパチ
もしかして…
これで終わり!?
オチがわからないし
全然笑えないよ!?
テンテンさんどうでしたか？
落語オモシロイでしょっ
えーとえーとオチがよくわかりませんでしたっ
最初に出てきた菜刀とひっかけてるんですよ
あーーなるほど
私ついていけてない？
でもわからん
ガタンゴトン
ガタンゴトン
何か聞きのがしたのかな
笑えるポイントってどこだったのかな
そもそも笑っていい話なのか？

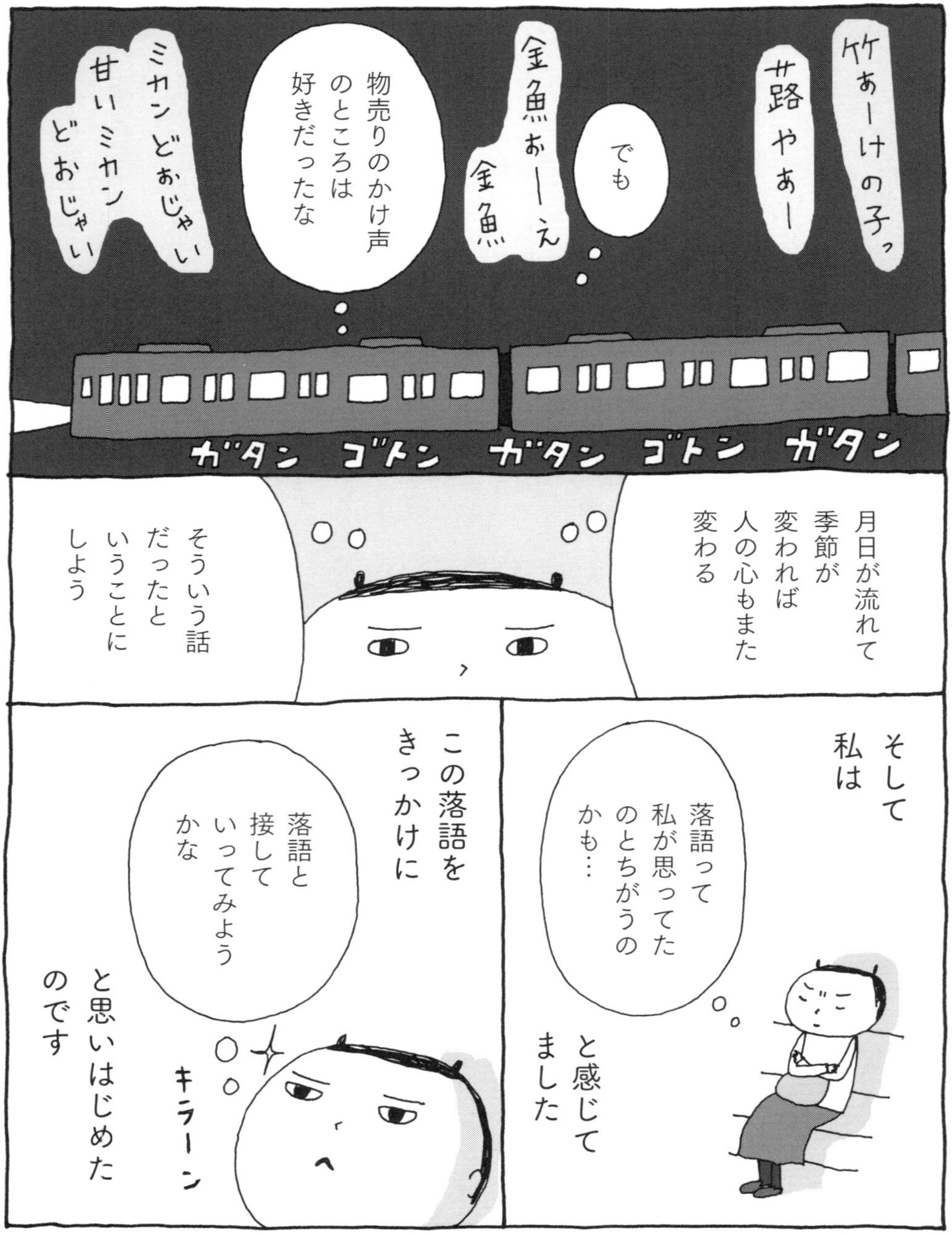
竹ぁーけの子っ
蕗やぁー
でも
金魚ぉーえ 金魚
物売りのかけ声のところは好きだったな
ミカンどぉじゃい 甘いミカン どぉじゃい
ガタン ゴトン ガタン ゴトン ガタン
月日が流れて季節が変われば人の心もまた変わる
そういう話だったということにしよう
そして私は
落語って私が思ってたのとちがうのかも…
と感じてました
この落語をきっかけに
落語と接していってみようかな
キラーン
と思いはじめたのです

ウチの息子が3才の時
いつのまにか覚えたながーいコトバ
第2回
寿限無《じゅげむ》
みなさんはじゅげむって知ってますか？
とつぜんですが
ボク言えるよっ
じゅげむ じゅげむ
ごこうのすりきれ
かいじゃりすいぎょの
すいぎょうまつ
うんらいまつ
ふうらいまつ
くうねるところに すむところ
やぶらこうじの ぶらこうじ
ぱいぽ ぱいぽ ぱいぽの しゅーりんがん
しゅーりんがんの ぐーりんだい
ぐーりんだいの ぽんぽこぴーの ぽんぽこなーの
ちょうきゅうめいの ちょうすけ

パチ
パチ
パチ
すごーい
フッ
満足
私 ずっとこれは幸せになる昔のおまじないのコトバだと思ってたんですけど
落語だったんですよ
奥様知ってらして？
しかもこの長ーいコトバ
人の名前なんですって!!
長すぎて覚えらんない
さらにこの名前仏教と深くつながってるんですよ
あっ落語好き僧侶 釈徹宗先生
どんなふうにですか？
「じゅげむ」っていうのはサンスクリット語の「アミターユス」の意訳で阿弥陀仏《あみだぶつ》のことなんです

「五劫《ごこう》のすり切れ」は
法蔵菩薩《ほうぞうぼさつ》が
すべての人が救われる
ためにどうすりゃ
いいんだ
うーん
うーん
と五劫の間 考え続けて
修行したことを言ってます
三千年に一度
空から天女が
おりてきて
大きな岩を
衣の袖《そで》で
なでて
岩がすりへって
なくなるまでが
一劫
「じゅげむ」に
出てくる熊さんも
お寺の和尚《おしょう》さんに
子どもの名前を
つけてもらいに
行ってるでしょ
落語と
仏教って
つながってる
ことが多いん
ですよっ
へー
じゅげむは
ひとつひとつの言葉に
おめでたい意味があって
どれかひとつを
選べなくて 名前が
長くなっちゃったと
いうお話
いつの時代も 親が
子どもの名前をつける
のに 苦労してるんだねぇ

最近は お腹の中に赤ちゃんがいる時に性別がわかるので予《あらかじ》め名前をつけられるけど
ウチの子の場合ずっとお腹の中で体育座りをしてたので
男か女かわからなかった
見えない
どうする？どっちかわかんないと名前つけづらいね
そうだなぁ
ボクはおばあちゃん子で料理や家事はおばあちゃんに教わった
だからおばあちゃんの「なみ」という名前を子どもにつけたいな
なみさんか…
でも男の子だったらどうする？
なみくん？
じゃあ千の波にして千波《ちなみ》はどうだろう？
ちなみ か それなら男でも女でもありそう

そんなわけで私たちの子どもの名前は
「千波」になりました
もうそろそろ出産が近づいたある日
念のため画数を調べてみようか
えっだってツレはそーゆーの信じないんじゃないの？
そりゃあそうなんだけどさぁ
たしかにボクは占いとか迷信とか大キライだよ
でもさ一応名前をつけるのって自分の子の一生のことだし…
そう言うとツレはネットで調べはじめました
うわあぁ
なんだいなんだいどうしたんだい
この名前だと「早死に」するらしい
えっ

ふら…
ぱたん
わー
ちょっと〜
くっ
どうして…
どうしてボクは…
愛《いと》しい
わが子に
不幸な
名前を
……
よしっ
すっく
しっかり
幸せになる
ような名前を
見つける!!
さっ
シャキーン

そうしてツレは
半日くらいかけて
これも
ダメだ
これも
ちがう
ごおおおお
これは
まぁまぁ
あと
ちょっと
子どもにとって最高の
名前を探しあてた
それがこの名前
千《ち》歳《とせ》
これなら
すばらしく良い
人生をすごせる
字画らしい
ふぅ
結婚十三年目にして
やっと授かった
子どもは
エンギをかつぐ
とか信じない
人生は自分で
切り拓《ひら》く
もんだ
というツレの信念を
あっさり変えて
しまったのです
生まれてくる
子には
エンギのいい
名前を!!

お腹の中で
どっちかわからなかった
子どもは
玉のような
男の子でした
はじめまして
千歳くん
だけど
市役所で出生届を出す時
ツレは一瞬悩んだそうです
もし男だったら
なみ平に
したかったたん
だよなぁ
うーん
うーん
うーん
うーん
こういう
イメージ
だけど
おばあちゃんの「なみ」と
平成の「平」で…
ツレの家系は
男子は 元号が
入ってる
ちとせで
よかったと
思う…

第3回 唐茄子屋政談《とうなすやせいだん》

志ん生の唐茄子屋政談は
フルトベングラーの第九みたいなもんだ
つまり作品と作り手の二つがとけあって
ボク好みのカレーライスになってるようなものなんだよ
カレーの話なの？
ナスの話なの？
唐茄子はカボチャだよ
ちなみに志ん生は落語家フルトベングラーは指揮者
よくわかんないけど志ん生のカボチャの話はそんなに特別なの？
そりゃあそうさ
だって志ん生のはボ・ク・の・物・語なんだよっ
へ？

今から二十年近く前
私たち夫婦は
ビンボーだった
ツレは
好きな音楽の
仕事を
やりたい!!
辞表
と夢見て
会社を辞めたものの
音楽の仕事
なんか
あるはずもなく
またお金
もらえなかった…
そんなのあっても
こっちはシロート
だから 騙《だま》されるだけ
私はまんが家
デビューはしてたけど
まるで売れなくて
実家から
お米と野菜が
届いたよ
ありがたいなぁ
米
私たちの収入はゼロで
親の仕送りで
暮らしていた

そんな生活が半年ほど続き
ビンボーでも好きなことで暮らすのは楽しいよね
よね？
……
夢ばかり語るツレにあきれて
私はパン屋のバイトをはじめた
やっぱり
お金がないと暮らしていけないしな
私がバイトをはじめたので
やっぱりお金ないとダメか…
ツレも目が覚めた

ボクも宅配の荷物仕分けのバイトをすることにしたよ
ようやく現実に帰ってきたねおかえり
荷物仕分けの工場は駅から離れてるので専用のバスで通った
通称
ネコバス
バスに乗ると
なぜか いつも落語が流れていた
たぶん運転手さんの趣味
えー なにしろ この～
われわれの方には～
この時 聞いたのが志ん生の唐茄子屋政談

吉原《よしわら》の花魁《おいらん》に入れあげて
家の金を湯水のように使うので
親に勘当《かんどう》される
若だんなの徳三郎
「お天道《てんと》さまと米の飯は
どこへ行ってもついて回りますから」
と家を飛び出したけど
どうにもならない
いろいろあって　おじさんに拾われて
唐茄子をかついで売ることになる
落語で
ありがちな
ハナシだ
そーなんだよな
なんとかなると思って
会社　飛び出し
たんだけどな
はっ
自分も
どうにもならなくて
荷物かつぎの
バイトしてる

徳三郎って
もしかして
ボクのこと？
自分もずっと
その場にいたかった
夢を見続けて
いたかった
でも今は
深夜
荷物をかつぐ
バイトをしてる
荷物ひとつ
運んで——
あー
音楽で生活
したかったな
荷物ふたつ
運んで——
昔は
ボクの作る曲は
ウケたんだ
けどな
そんなわけで

徳三郎が昔の楽しかったことを思い出しながら唐茄子屋の売り声の練習をするように
ボクは荷物をかついで運んでたんだよ
へーそうだったんだ!!
二十年たった今ツレは専業主夫として家事と子育てをしている
コーヒー
もう一杯飲む?
自分なりにやりたいことを見つけて楽しく暮らしているのだけど
音楽聴きながら家事
でいつ仕事をはじめるんだ?
時々父にこんなことを言われるので
二十年たっても徳三郎のままなのか?
いやいやちがうぞそんなハズはないっ
唐茄子屋政談を思い出してる

開口一番

ツレコラム1

「人が落語と出会うとき」

こんにちは。ツレです。細川貂々のパートナーを二十年以上やっております。そしてマンガの中に出ているヒトです。まさに落語の中に出てくるような情けないツレアイですが、せっかくこんな機会を与えてもらって、解説みたいなことを書いてもいいいと言うので、余計なことをつらつらと書いてみよう。

僕は帰国子女です。幼い頃はヨーロッパ育ち。だからこそ日本の伝統芸みたいなものに憧れはあったのですが、座布団敷いて正座をして、ただただ喋《しゃべ》ることで聞き手を楽しませる落語みたいなものは、声だけ聴いても、それがどういうものか、いまひとつ分《わ》かっていなかった。

その後、日本に帰ってきて日本で教育を受け、生意気な若者として育つわけですが、そんなときも落語とは無縁だったよな。そんな僕が、いろいろ社会から落ちこぼれたりしながら、悪あがきをしていたような状況で、夜勤労働の送り迎えのバスの中で、「あの落語」に遭遇してしまったのです。祖父の膝の上に座って小言を囁《ささや》かれているような語り口。でも情緒あふれる暖かい世界。そんな落語をずっと聴いていたいと思った。あっち側の世界に行きたいとさえ思ったけど、聴いていると「あっち側の世界」の登場人物も、自分のような苦労をしている。とっても昔の話らしいのに自分みたいだ……。

のちに正社員として就職を遂げてから、「あの落語を聴いてみたい」という一念で、新宿の図書館で落語のテープを借りまくり、それが「志ん生」の『唐茄子屋政談』だとわかったのでした。

アレ？何か心に
ひっかかるなって
思ったことは

ステキな出会いにつながるかも

第4回
死神《しにがみ》
ハハ テケレッツのパァって何？
テケレッツのパァ？
このまんがに出てくるセリフ
テケレッツのパァ
わかんないよ
千歳《ちーと》君は何だと思う？
オレ？
オレの想像は…

敵が現われた！
勇者は
テケレッツのパァ
の呪文《じゅもん》を唱えた
ボワワワーン
敵をやっつけた
勇者はレベル2になった
こんな感じ
なるほど
ネットで調べてみたら
「死神」という落語に出てくるコトバだということがわかった
へー これも落語なんだね
この本にのってるかな
はじめての落語

ビンボーな
男のところに
死神が現われる
死神が言うには
病人には必ず
死神がついてる
そいつが枕元に
座ってたら死ぬ
足元にいる
場合は
そのうち
いなくなる
足元にいる場合
アジャラカモクレン
テケレッツのパァ
と 呪文を唱えれば
死神はいなくなり
病人は元気になる
さっそく試すと
その通りになって
男は病気を治す
名医として 大金持ちになる

ふーん
テケレッツのパァァって
死神を消す
呪文だったんだね
もっとこう
ボウワァ
火焔《かえん》で相手を
燃やす感じかと
思った
もしハハか
パパの枕元に
死神がいたら
どーする？
オレが
先に
ショック死
しちゃう
じゃ
じーじや
おじいちゃんの
枕元にいるのが
見えたら？
じーじ
おじいちゃん
一応
じーじ
枕元に
ナゾがいるよ
って言う
ナゾって
なんだ？
と聞かれたら
縁起《えんぎ》が
悪いから
言わなーい
それでは
わかってしまう
のでは？

その後 男は金を使い果たし
大金欲しさに
枕元にいる
百八十度フトンを
回転させ
足元に
いる
アジャラカ
モクレン
テケレッツの
パァ
ズルをして
死神を
消して
しまった
この短い
ろうそくは
お前の寿命だ
男は
死ぬはずだった
病人の寿命と
入れかわって
しまう
これに火を
移しかえることが
できれば
寿命が
のびるよ
ホラ
早くしないと
消えるよ
ぶる
ぶる
ぶる
ぶる
ああ
消え…

なんか最悪なハナシ!!
人間 金に目がくらんじゃいけないってことだよ
10000
……
オレだったらこう考える!!

ろうそくが
消えそうになったとき
火の雨が降ってきて
自分の命の
火が大炎上
生き
返るん
だね
男は
はっと
目が覚める
夢オチ
かいっ
そこにひとりの
美女が現われる
は？
アンタは誰だい？
美女は言う
さっきもらった大金で
あなたは大名に
なったのよ
私はあなたのツマよ

え――
なんやねん それっ
急展開やないか
急展開やないか
急展開やないか
その後 男は医者大名になり幸せな生活を送ったとか送らなかったとか
ウン
金に目がくらんでもハッピーエンドかい
オレはとにかくラストが死ぬのはイヤなんだ
きっぱり

第5回
七《しち》度《ど》狐《ぎつね》
（前編）
息子が学校から
こんなチラシを
もらってきた
らくごに ちょうせんしてみよう
宝塚こども落語教室
参加者募集！
対象
小学3年生～
中学3年生
ぜひさんかしてね
息子に
ここに通って
もらえれば
私も一緒に
落語を
学べる!!
が しかし
息子は
教室に通うほど
落語に興味が
あるだろうか？

ためしに聞いてみた
ヤダ
興味ない
バランスボール
やっぱりね
がくっ
すっ
はっ
ちょっと待ちなさい
ハハは今「女性セブン」で落語マンガの連載をしてるのだ
らくごにちょうせんしてみよう
こども落語
ハハの仕事のためだと思って行ってあげなさい
ずいぶんストレートに攻めたな……
そーゆーことならいいよ
OK
えっ
いーの!?
よかったねすぐ申し込みなよ

というわけで
息子は落語教室に
通うことになった
落語キョーミなし
頭の中は
ゲーム
マンガ
この教室は 夏休み中
全七回で
おけいこ～発表会を
体験できる
スケジュール
1 2 3 4 5 おけいこ 落語 おはやし
6 リハーサル
7 本番
大丈夫だよ
発表会なんて
上手な子だけが
舞台に上がるん
だよ
太鼓とかも
やるっていうから
ちーと君は
太鼓担当に
なればいいよ
気楽に いこーよ
一回目の授業
講師は
林家染左《はやしやそめざ》先生
こんにちは
笑福亭智之介《しょうふくていちのすけ》先生
楽しくやって
いきましょうね

最初に 上方《かみがた》落語に 必要な道具を 教えてくれました
上方落語は 戸外で 歩いてる人に立ち止まって聴いてもらってたので 立ち止まらせるため 音を出す道具があります
座布団
はりおうぎ (たたく道具)
見台《けんだい》
膝《ひざ》かくし
小拍子《こびょうし》 場面を切りかえる時 見台をたたく道具
高座《こうざ》
上方《かみがた》落語は 大道芸から はじまってます
ここではじめて
私たちが習う 落語は上方落語 なのか!!
と知る私…
落語って 江戸落語と 上方落語の 二種類 あるんだって
知ってた?

次に
高座に上がる時の
作法を教えて
くれました
白扇《はくせん》を
持ちます
高座に上がる時の
礼装として持ちます
右手で扇《おうぎ》の要《かなめ》
を持ちます
高座の後ろから
上がって
座布団の前に
扇子《せんす》を置きます
座布団に正座をして
扇子の前に手をついて
おじぎをして
話しはじめます
話し終わったら
またおじぎをして
お客様にお尻を
向けないように
前を向きながら
高座を下ります

ロボットのような 動きで こなしていく 子どもたち
ガチン
ギギギ
カチン
カチン
ギギギ
息子
わかる わかる
私がやっても ロボットに なるだろうな ……
ハイ それでは みなさんに やってもらう 落語の見本を これからします
伊勢参りに行く時の お噺で「七度狐《しちどぎつね》」という 演目です
昔は簡単に 旅行に行けな かったから お参りする理由を 作って 旅行に 行ったんですね
大坂の喜六《きろく》・清八《せいはち》という 馬の合いました二人連れ
お伊勢さんでも お参りしようか
と 田舎道をぶらぶら 歩いていると
おい 清やん 腹がへった なあ
腹がへった
腹が へった

ぎょうさん言いやがったな
通ってる人がこっち見て
クスクス笑《わろ》うてるがな
他の人が聞いても
わからんように粋《すい》ことば
洒落《しゃれ》ことばで言えんか
などとやりとりしてる
うちに 煮売屋《にうりや》が
見えてきた
一ぜんめし
酒さかな いろいろ
あり やなぎや
「ラハが北山《きたやま》
底《そこ》でも入《い》れよか」
てなこと言うてみ
煮売屋の店のおやじと
またまた言葉の
かけあいをしてるスキに
イカの木《き》の芽和《めあ》えを
すり鉢ごと持ち去る
清八
中身を食べたあと
すり鉢を盗んだことが
バレないよう
草むらへ
放り込む
ゴロン
それが
寝ていた
キツネの
みけんに
ぶつかって
血がタラタラ

そのキツネが人間に一ぺん
悪いことをされると
七へん騙《だま》して返すという
七度狐だったから
さあ大変
おのれ〜
どうするか
今に見よ〜
そんなことは
全く知らない
二人連れ
目の前に
大きな川が
現われました
仕方がないので
裸になって
川わたり
ふかーいか
あさいか
あさーいーぞ
あさいぞ
おい旅人
しっかり
せんかい!!
あっ
ここにあった
川がないっ!!
辺り一面 麦畑
キツネに
騙されていた
ことに 気づくの
でした
麦畑 踏みあらして
ほんまにスンマヘン

二人がずっと道を歩いて
いきますと
いつのまにか 日もとっぷり暮れて
さみしい山の中の道に
おかしいなぁ 街道筋 まっすぐ 来たのに
だいたい急に 日が暮れたがな さいぜん 昼めし 食うたとこやで
キラキラ明かりが 見える方に 行ってみますと そこはお寺
お寺に泊めて もらえることに なったけど
赤土とワラの入った べちょたれ雑炊を 食べさせられたり
棺《かん》桶《おけ》から出てきた おさよばあさんの ユーレイに
伊勢音頭を 歌え〜
歌わされたり してますと
おいせーへ
ななーたーび

くまーのへー
さんど♪
おい さっきの旅人が今度は石地蔵《じぞう》の前で歌うとるぞ
またキツネに騙されとるな
あのキツネ この頃ちょっと調子にのっとるみんなで こらしめてやろうか
キツネを退治しようとしっぽをぐーっとひっぱったらスポッと抜けた
ハッと見たら畑の大根を抜いておりました
パチ
パチ
わー長いけど
おもしろーい
パチ
パチ
というわけでこれをみなさんに一人一場面ずつやってもらいます
みんなしっかり覚えるように
えっ
ウチの息子も落語やるの!?
さて息子はちゃんとできるのでしょうか

第6回
七度狐《しちどぎつね》
（後編）
落語にあまり興味がないのに落語教室に行くことになり
落語をしなくてはならなくなった息子
演目は「七度狐」
今年の落語教室に参加した十一人分に分割された台本が配られた
息子の担当は十番目（お寺で留守番をする場面）
二ページちょっとある
⑩
↑2段

この台本を覚えつつ鳴り物も練習しなくてはならない
今回 寄席囃子《よせばやし》で習う楽器
大だいこ
しめだいこ
あたりがね
どら
ツケ
本番は三味線《しゃみせん》と笛が入ります
息子はツケ担当になった
タタン
タタン
タタン
タタン
下の台に打ちつけてならす
落語を覚える時は黙読《もくどく》じゃなくて声を出して読むように
身体で覚えてくださいね

先生に言われた通り
毎日　お手本のCDを
聴いて
え？　お留守番って
こんな夜ふけに
どこへ行かはりまんねん
音読をさせた
え？
お留守番って
こんな夜ふけに
どこへ行かはり
まんねん
鳴り物（ツケ）の練習をして
鳴り物の出番（④の最後の所）を覚えて
自分の場面⑩の落語を暗記して
自分の出番を覚えて
息子よ!!　大丈夫か?!
ドキドキドキドキドキドキ
思ってたより
大変なことに
なってきてる
気がする……

本番が近づくにつれて
私にキンチョウ感が高まってきた
そして
本番当日
浴衣《ゆかた》を着て 白足袋《たび》はいて
白扇《はくせん》持って
息子はすっかり
こども落語家
発表会がはじまる前
客席に向かって
染左《そめざ》先生がこう言った
お客様の
みなさんに
落語を上手に
聴くコツを
お教えしましょう
その一
おもしろかったら
大きい声を出して
笑う
おもしろいと
思ったら
声に出して
笑ってください
染左先生
心の中で
笑ってても
相手に伝わり
ませんよー
智え介
先生

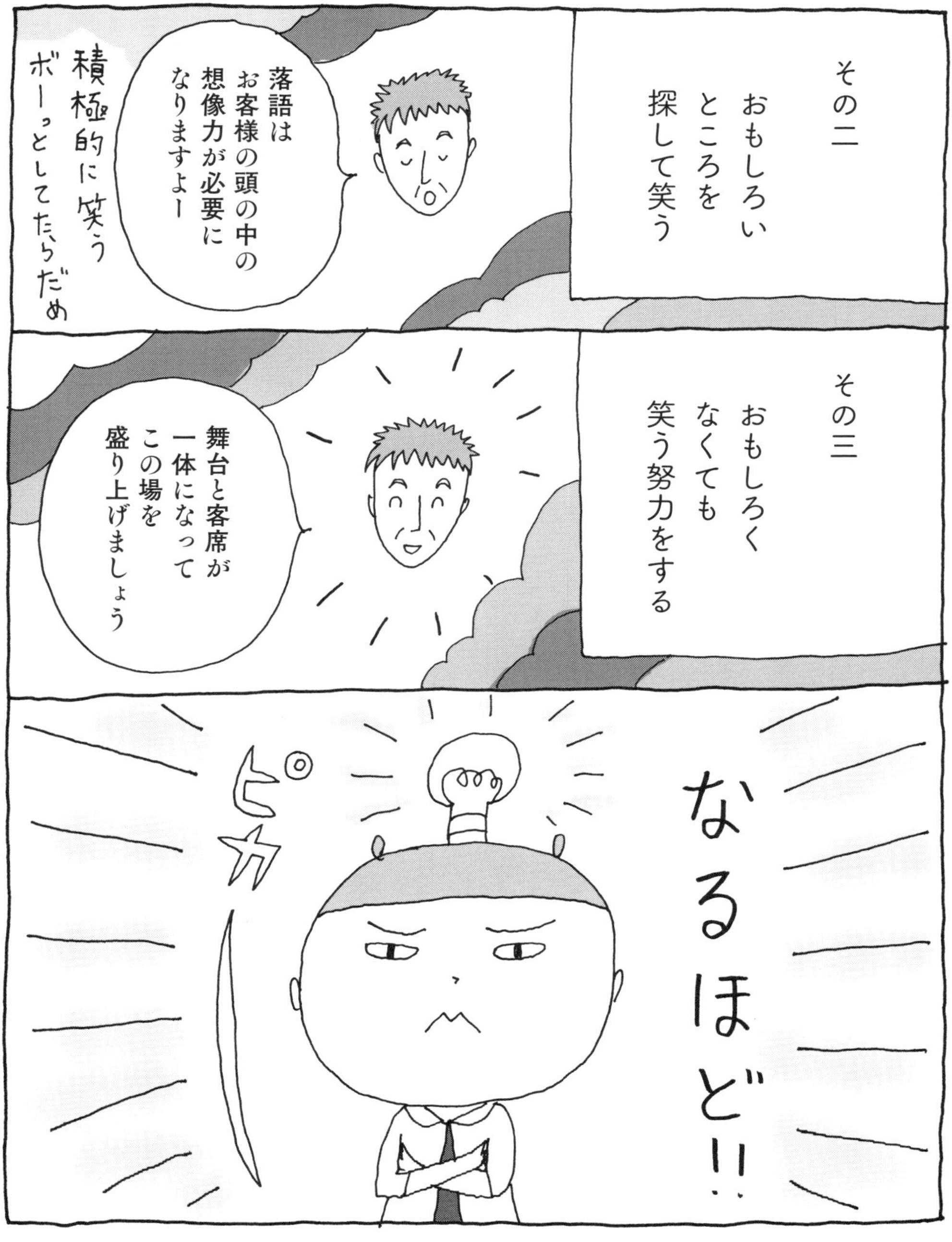

その二
おもしろいところを探して笑う
落語はお客様の頭の中の想像力が必要になりますよー
積極的に笑う
ボーっとしてたらだめ
その三
おもしろくなくても笑う努力をする
舞台と客席が一体になってこの場を盛り上げましょう
ピカ
なるほど!!

これって人生に必要なもののすべてが入ってるじゃないか!!
自分の思ってることは 相手に声を出して言わないと伝わらない
相手のことを思いやるには想像力が必要
今 この場をおもしろくするのも つまらなくするのも自分しだい
じーん
落語って奥が深いなー
と感動してると発表会がはじまった
発表会を見てる時の私とツレ
カチーン
客席の私たちとは対照的に
舞台上の息子はとてもリラックスして落語を話していた

しゃ
本日はありがとうございました
よかったよ本当によかったよ
がしっ
落語教室に通わせてくれてありがとう!!
ずっとずっとまだまだ子どもだって赤ちゃんみたいに思ってたけど
くー
もう一人で舞台に上がれるんだねぇ
いつのまにかあんなに成長してたんだね

息子が高座《こうざ》に上がる姿を発表会ではじめて見たツレは心の底から感動してた
おつかれさま
パパメチャクチャ感動してたよ
オレ楽しかったからこれからも落語続けるよ
え―っ
息子コレがきっかけで落語に興味を持つ
ハハ　なにしてるの？
なんだか私がキツネに騙《だま》されてる気分……
コーーン

入れこみ

ツレコラム2

「こども落語教室の素晴らしさ」

そうそう、宝塚市の「こども落語教室」に関しては、おそらく市内中の小学校に募集チラシを配っているわけだし、内容を見るとかなり魅力的に思えるので、人気殺到なんじゃないかと思って、慌てて連絡をしたのだったけど、ふたを開けてみたら市内の小学生はたった三人ほど。他に十人くらい小中学生がいましたが、大阪や神戸、かなり遠方から応募してきた子もいました。それでも定員に満たなかったんじゃないかな。想像していたより、人気がありませんでした。

「伝統芸に親しめる、礼儀作法が学べる、コミュニケーション能力が高くなる」みたいなキャッチフレーズで、勧誘していたんだけど、これってどれもなかなか魅力的な気がするんだけどな。

子どもたちは伝統芸ということは意識していませんが、特別に落語好きな子どもとかもいて、昔からの落語にやたら詳しかったりします。また何年もやっている中学生のとても上手な先輩がいて、小学生たちを抱腹絶倒に笑わせてくれたりもします。確かに、それと意識はせずに「伝統芸の世界に入り込んでいる」ことになっている。

礼儀作法に関しては、息子を含めて、しょっちゅう叱られているみたいだけど、叱られることも含めて礼儀作法なんだなと思います。叱られ方を勉強する、みたいな感じかな。そしてコミュニケーション力。これはまだまだですね。中学生の先輩みたいになれるんだろうか。息子は何か楽しかったらしく「落語を続けたい」と言ってくれたけど、何年かのちが楽しみです。

新しい世界を知ると
人はキラキラする

第7回
源平盛衰記《げんぺいせいすいき》
引き出しの整理をしていたらなつかしい物が出てきた
あっ
これっ
桂平治
ちょっとこれ見て!!なくしたと思ったらあったよ!!
あっ桂平治《へいじ》さんがくれた手ぬぐい!!

昔 千葉県浦安市に住んでた頃
そば処天哲
落語会
つくだに
にもの弁当
同じ商店街のお店が出店をしてた
近所のおそば屋さんで落語会があってツレと一緒に行きました
その時 平治さんが
これ ジャンケンで勝った人にプレゼント
ジャンケンに弱い私がめずらしく優勝したのでした
パー
ボーゼン
ハイ どうぞ
ありがとうございます
めったに勝ったことのない私の戦利品
大事にしまったまま
どこにしまったか忘れてしまってたのでした

あの落語会で
生まれてはじめて
生《なま》の落語を
聴いたんだよ
しみじみ
私は…
あの時
なんていう落語を
聴いたんだっけ？
たしか那須与一《なすのよいち》が
扇を射落とす
シーンがあった
ような…
あぁ 私もソレ
覚えてる!!
2002年 4月3日
浦安 天哲落語
快楽亭ブラ房「真田小僧」
桂平治「源平盛衰記」
春風亭鯉昇「宿屋の富」
調べてみたら
桂平治さんは
「源平盛衰記《げんぺいせいすいき》」という
落語をやってました

源平盛衰記って どんなハナシだったん？
那須与一が
扇を……
うーん
ソコしか
どうしても思い出せないのでネットで調べてみた
あっ桂平治さんは今真打《しんうち》になって文治《ぶんじ》を襲名したんだって
へー
じゃあ今は桂文治さんなんだね？
文治を襲名したあとの源平盛衰記があるよ聴いてみる？
うん

祇園精舎《ぎおんしょうじゃ》の鐘のこえ
諸行無常《しょぎょうむじょう》の響きあり
奢《おご》れる者は久しからず
平家物語は
昔から琵琶法師《びわほうし》が
オドロオドロしく
語ったらしいけど
これは
軽いねぇ
スピーカー
あたくしは
USAの生まれ
大分県宇佐市
脱線してるところ
のが長いなぁ
源義朝《みなもとのよしとも》と
平清盛《たいらのきよもり》の
対決を交え
延々と平家物語の
各段のパロディを
並べていくらしいですが
落語家さんの
個人的な雑談みたいな
ものが入り込んで
もう大変!!
源義朝
平清盛
あてくしは
ユーワクに弱い
タイプで

思い出した!!
途中をカットして屋島《やしま》の合戦《かっせん》の那須与一が扇を射落とす話をするんだっ
あの時もそうだった平治さんの場合は時間を見計らって
ミス平家が扇を持ちまして
屋島の合戦
あ 覚えてたのココかぁ
壇《だん》ノ《の》浦《うら》の最後はホントは涙なしでは語れない場面だけど
落語だからみんな踊り出しちゃう
踊る平家は久しからず
大爆笑のサゲやな!!
サゲってオチのことだね
パチパチパチパチ

でもさぁ
これって
落語なん？
平家物語の
内容を
しゃべってる
だけだよねぇ？
だってさ
フツー
落語は
ちゃんと主人公がいて
物語があって
オチがあって
噺が終わるじゃない？
これ
そーゆーの
ないよね？
カチャ
カチャ
カチャ
調べてる
源平盛衰記は
地噺《じばなし》っていうん
だって
フリートーク
のように
あらすじを
語る手法で
落語家さんのウデが
問われる作品なんだ
そうだ
はぁ。。。
そーゆー
落語も
あるんだ
だから
どんな内容か
覚えてなかった
んだね？
それはどうかな？

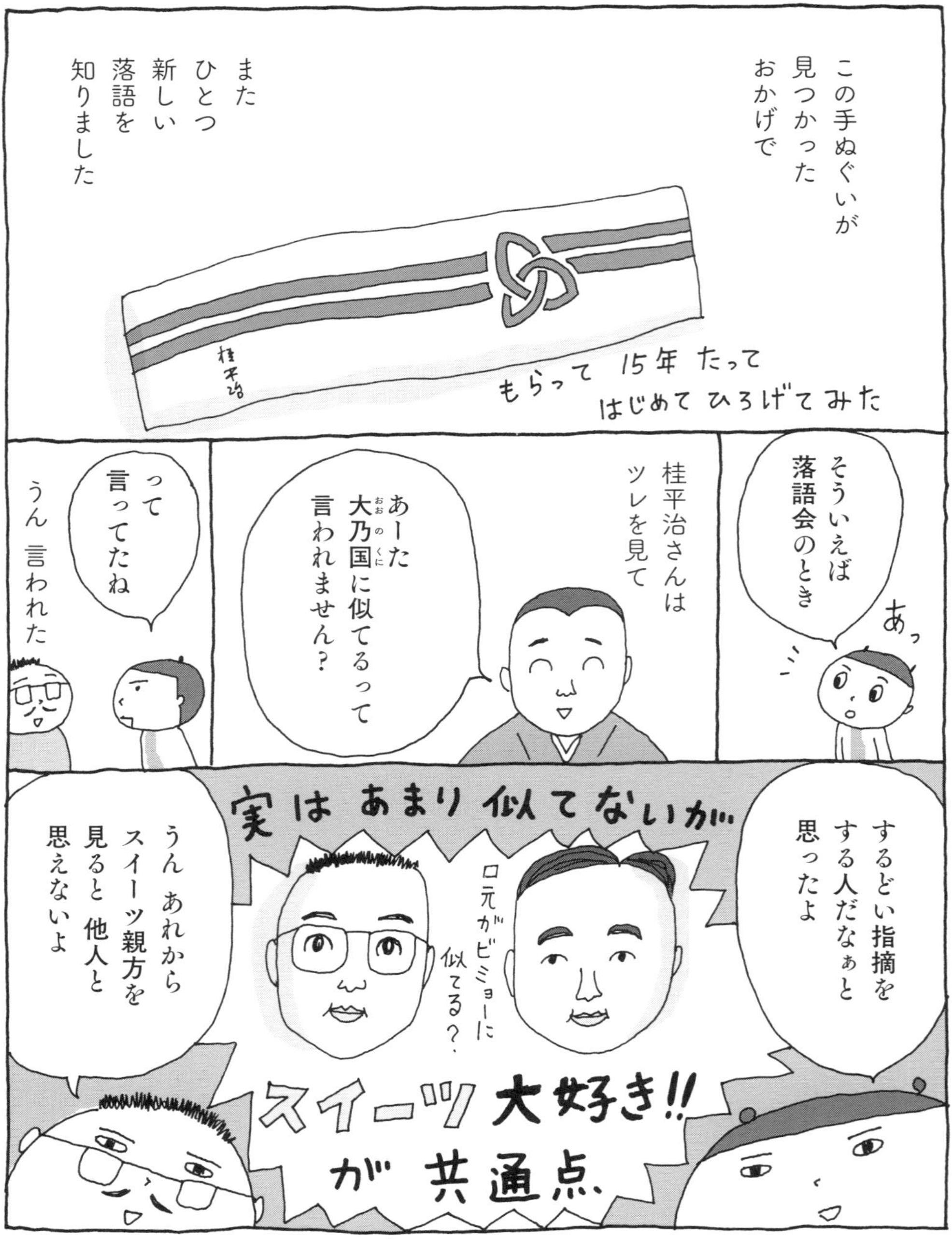
この手ぬぐいが見つかったおかげで
またひとつ新しい落語を知りました
桂平治
もらって 15年 たって
はじめて ひろげて みた
あっ
そういえば落語会のとき
桂平治さんはツレを見て
あーた大乃国《おおのくに》に似てるって言われません？
って言ってたね
うん 言われた
するどい指摘をする人だなぁと思ったよ
実は あまり 似てないが
口元がビミョーに似てる？
うん あれからスイーツ親方を見ると他人と思えないよ
スイーツ大好き!!
が 共通点

第8回
幕末太陽傳《ばくまつたいようでん》
私は宝塚歌劇が大好きです
宝塚歌劇では時々落語をあつかった舞台を上演します
貂々さん次のタカラヅカの
「幕末太陽傳」を観たいです!!
ええっ!?
いいんですか?
釈先生宝塚歌劇ですよ?
ハイっ

「幕末太陽傳」は
川島雄三監督の
コメディ映画で
物語の中に落語を
ちりばめてる
釈先生は
この映画の大ファン
なのだそうです
今回 タカラヅカで
舞台化されることになった
祝初タカラヅカ
釈先生と一緒に
タカラヅカ観劇
うれしい!!
ありがとう
落語!!
でも
ちょっと心配…
はっ
初心者さんを
観劇に誘うのが
私の趣味なんだ
けど…
あのキラキラ
いやギラギラ
まぶしい世界と
落語をミックスした
舞台を

釈先生は楽しんでくれるかな…？
しかもトップスター2人のサヨナラ公演で103期初舞台生おひろめ公演いつもより2倍テンションが高くなってる
ドキドキ
ドキドキ
ドキドキしながら観劇日を迎えました
劇場入口に貼《は》ってあるポスターを見て早くも大コーフンの釈先生
わぁ これがフランキー堺ですねっ
幕末太陽傳
トップスターの早霧《さぎり》せいなさんはフランキー堺の役だったのか
えっ
これが左《ひだり》幸子《さちこ》
これが石原裕次郎

パンフレット買いますか？
もちろん買います!!
うれしそうにタカラヅカのパンフレットを抱える釈先生
かわいい
釈先生の息子さん
貂々さん 幕末太陽傳 どんな内容か知ってますか？
いいえ
この作品は「居残《いのこ》り佐平次《さへいじ》」という落語がベースになってて
その中に
「三枚起請《さんまいきしょう》」
「品川心中《しながわしんじゅう》」
「お見立《みた》て」
などの落語がちりばめられてます
天才サギ師
佐平次
女郎《じょろう》が客と起請文《きしょうもん》でトラブルを起こすシーン
起請文
女郎が貸本屋の金造《きんぞう》と心中未遂をするシーン
杢兵衛大尽《もくべえだいじん》を女郎のお墓に案内するシーン

ひとつの作品でいろんな落語を見られるんですねっ
そーなんです
釈先生の息子さん↓
とっても楽しい作品ですよ!!
ああこの太陽のような釈先生の笑顔が
終演後くもっていませんように
品川遊廓《ゆうかく》「土蔵相模《どぞうさがみ》」芸者や女郎を揚《あ》げて飲めや歌えのどんちゃん騒ぎをしてる男佐平次
こんぴらふねふねおいてにほかけてシュラシュシュシュ

若い衆が勘定《かんじょう》を取りにくるけど一向に支払う素振《そぶ》りを見せない
そのうち
金はねぇ
と開き直り
無銭飲食した勘定は働いて返す
と居残りを決め込む
佐平次は よく気がきいて話が上手い 芸も達者 たちまち人気者に
居残りだからイノさん
客同士の揉《も》め事 男女の揉め事も解決 全てを丸くおさめて ラストはどこか遠い所に去っていく
バサッ
オレは居残り商売の佐平次てんだ!!

佐平次 かっこいいい!!
はっ
そーいえば肝心の釈先生は……
ドキドキドキ
そーー
とっても楽しかったです映画と一緒
ピカーー
佐平次が羽織《はおり》を宙に投げてパッとはおるのちゃんとやってくれてましたね
喜んでくれてよかったです〜〜
よかったです〜〜
釈先生の息子さん

ではワタクシ
このあと法事が入ってしまったので
帰りますね
お疲れ様です
気をつけてお帰りください
釈先生の息子さんと一緒に
後半のショーを観ました
♪ジャーーーン♪
♪ドーラーマーティック
エス エス!!
ああ
本当は…
ギラ
ギラ
こっちを観た感想を
釈先生に訊きたかったな
またタカラヅカで
落語ネタの公演
やってください
次こそは
釈先生に
ギラギラの
世界を…

第9回
大山詣り《おおやままいり》
大山詣りという
落語がある
ハア
どんな
落語?

大山っていうのは
神奈川県にある山で
昔から山岳信仰の
霊山《れいざん》として人気があった
へー 知らなかった
ただの大きい山じゃ
ないんだね
旧暦の六月二十七日～七月十七日の
二十日間だけ 祭礼があって
奥の院の石尊大権現《せきそんだいごんげん》に
お参りすることができる
大山石尊大権現
江戸時代
近所の人たちと行楽をかねて
参詣の山登りをすることは
夏の年中行事だったんだ
要《よう》は
その大山に
お詣りに行く
ハナシなんだけど
あっ
山にお詣りで
思い出した

私もスピリチュアルツアーで
四国の剣山《つるぎさん》を登りに
行ったよ
えっ
ソロモン王の秘宝が
隠されてるとか
イスラエルの秘宝が
埋まってるとか
縄文時代に作られた
人工のピラミッド疑惑とか
秘宝
?
すごい
パワースポット
なんだって
へ——
その時の写真→
そこで
空に鳳凰《ほうおう》が
飛んでるのを
見たよ
え…これ
雲でしょ
いや一緒に
登ったみんなが
鳳凰が雲になって
飛んでると…
それ
雲だから

まぁ それは いいとして
そーだね ベストセラー祈願に 行ったのに 願いは 叶《かな》ってないし
江戸時代の大山は 女人《にょにん》禁制だったから 男だけで山登りに行くんだ
そうなると江戸っ子は 気が短いから ケンカになるわけ
べらんめぇ こんちくしょー とか言って？
そう そう
だから ケンカを しないために 今年は自分たちの 取り決めを作った
もし 「ケンカ したら 丸坊主に する」 って…
えっ
でもさぁ
江戸時代の男の人って こんな髪型でしょ
ここがすでに 髪の毛 ないじゃない

丸坊主に なるのは バツに なるほど イヤなわけ？
イヤー
今の価値観と昔は違うからね
丸坊主になるってことはものすごーくハズカシイことだったんだよ
ふーん 一部はいいけど全部はダメなんだね
でね 熊さんて人が明日帰るって日にケンカしちゃうんだよ
ボカスカ
ボカスカ
先達《せんだつ》さんっ 旅に出る前決めた通り熊を坊主にしちまいやしょう
いやいや せっかくここまで何事もなくやってきたんだから勘弁《かんべん》してやって
先達《せんだつ》さん→
（旅のまとめ役）
そうは言われたけど熊さんになぐられた二人は 腹の虫がおさまらない
熊さんが酔っぱらって寝てる間に丸坊主にしちゃう

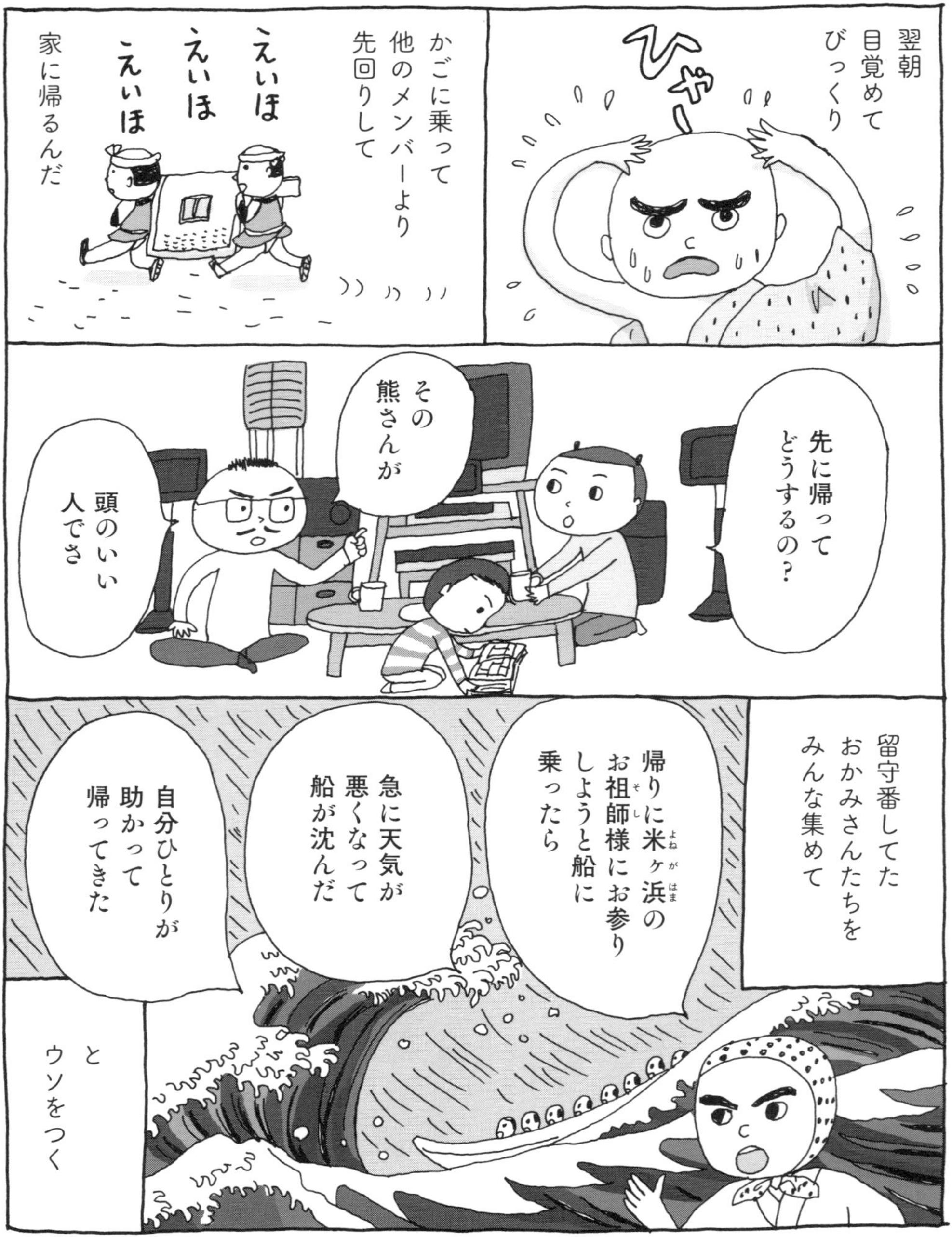

翌朝
目覚めて
びっくり
ひゃ〜
かごに乗って
他のメンバーより
先回りして
えぃほ
えぃほ
えぃほ
家に帰るんだ
先に帰って
どうするの？
その
熊さんが
頭のいい
人でさ
留守番してた
おかみさんたちを
みんな集めて
帰りに米《よね》ヶ《が》浜《はま》の
お祖師《そし》様にお参り
しようと船に
乗ったら
急に天気が
悪くなって
船が沈んだ
自分ひとりが
助かって
帰ってきた
と
ウソをつく

何言ってんだい
千に三つしか本当のことを言わない
「千三つ《せんみ》の熊さん」の言うことなんか信じられるかい
あっしは高野山で坊さんになって仲間の菩提《ぼだい》を弔《とむら》おうと
この通り頭を丸めてきたんだ!!
バサッ
ひゃー
ピカー
熊さんが坊主頭になってるのを見てすっかり信じたおかみさんたちは
うわーん
あたしも尼さんになるよ
アタシも
アタシも
とみんな坊主になってしまいました
しばらくすると一行が帰ってきて熊さんの仕打ちに腹を立てます
罪もねぇかみさん連中坊主にしちめぇやがって!!
アラ
生きてたの?
いや よく考えてごらん
お山から無事に帰ってみればみんなお毛が(ケガ)なくってオメデタイ

なるほど！
パンッ
というハナシなんだけどさ
これ 聴くたびに子どもの頃 父親がうたってくれた歌を思い出すんだ
♪
ハーゲとハゲとーがケンカしーてーどちらもケガねぇでよかったなー
生まれてすぐの時から外国に住んでたボクは
これがボクの故郷日本の歌なんだ
っていつも感動しながら聴いてたんだよ
そりゃーずいぶんオメデタイ子どもだったたんだねぇ

中トリ

ツレコラム3

「外国から見たジャパン」

ツレです。齢《よわい》五十を越えた今でも、「自分は帰国子女で」と説明をしないといけないような場面に遭遇することがあります。僕が育ったときは、そんな単語はなかったんだけど、とか、子女でもなんでもないんだけど、とかも思うんだけど、それはさておいて。

外国にあっても、日本人は日本人、日本の文化に親しもうとするし、周囲の多数派は日本人じゃないですから、より強く「自分は日本人なのだ」という気持ちが強くなります。

そんな僕は、日本人であることを誇りに思って育ち、日本に帰ってきたら「ガイジン」扱いされてしまいました。日本人的にはみんながができることができないので、仕方ないんですけどね。

日本というのは、たいへんに均一な社会で、異質なものを弾き出すところがあるようです。乱暴をしてみんなに頭を剃られちゃったというだけでもオオゴトになるような。細かくて小さくてクヨクヨしている。小心者の世界のようにも見えます。だけど「面目が立たねぇ」というのが限界に達すると、自分で自分の腹を切ったり、首をくくったりして死んでしまう。この飛躍がまたキョーレツです。小心者ゆえに周囲からのプレッシャーを「勝手に察して」ふるまうのかもしれないですが、よってたかって異質なものを排除しようという圧力が「殺す」ようにも見える。

歌舞伎や文楽の「世話物」は、そういう世界を細かく描いていますが、なんだかとても救いがない。唯一、落語だけが「笑い」によって、その閉鎖的な世界を客観化することに成功しているように思えます。日本通の外国人が好むのも、それゆえでしょうか。

私は自分の勝手な
思いこみで
自分を追いつめることが
多い

第10回
松山鏡《まつやまかがみ》
釈先生が大阪の寄席 繁昌亭《はんじょうてい》に
トークゲストとして
出演すると知り
行くことにしました
釈先生
チケット買いました
はじめての繁昌亭
楽しみです
メールを打ってる
繁昌亭の楽屋を
見たいですか?
↑
メールの返事
えっ
見たいですっ!!
思いがけず
はじめての
繁昌亭
&
楽屋訪問
に行けることに
なりました

繁昌亭は
大阪天満宮駅から歩いて
すぐの所にありました
天満天神 繁昌亭
天神寄席
繁昌亭
笑福亭三喬
笑福亭松枝
桂春之輔
桂吉坊
桂米紫
準備中
わー
寄席に来るの
はじめて
大阪
で あっちにある
鳥居は何だろう
フラ フラ フラ
開場30分前 もう並んでる人がいる
ハァ…すごい
立派な神社
お参り
しようかな
ブー ブー ブー
はっ
モシモシ
てんてんさん
さっき繁昌亭の前で
姿が見えたけど
どこに行っちゃったんですか?
スミマセーン

釈先生と繁昌亭の前で待ち合わせしてたのでした
並んでるお客様
スミマセンつい神社が気になって!!
そうでしたかさぁ楽屋に行きましょう
正面入口を少しだけあけてスキマから入る
今日はよろしくお願いします
よろしくお願いします
よろしくお願いします
楽屋口とかないのかな？
さぁこっちですよ
今日はよろしくお願いします
くつを脱ぐんだ!!
てんてんさん入ってください
ハイっ
釈先生の控え室？
こちら繁昌亭にくわしい大阪大学の髙島幸次先生です
はじめまして
よろしくお願いしますっ
ちがった!!他の先生もいる

次々と
よろしくお願いします
落語家さんの美人秘書さんかな？
人が入ってくる
よろしくお願いします
イケメンマネージャーさんかな？
こちらは露《つゆ》の団姫《まるこ》さん
こちらは桂吉坊《きちぼう》さん
美形だ…
出演する落語家さんだった…
桂米紫《べいし》さん
よろしくお願いします
笑福亭三喬《さんきょう》さん
よろしくお願いします
笑福亭松枝《しょうし》さん
よろしくお願いします
うわ〜〜落語家さん勢揃いだ
ん!?
ということは…
あのっ
もしかして楽屋ってここだけなのですか？
よくぞ聞いてくれました
そうなんですよ!!
↑髙島先生
やっぱり!!

舞台の様子が見られる
繁昌亭を作った桂三枝《さんし》さん…今の文枝《ぶんし》さんが
一番若い人
みなさん持ってきたおかしをここに置いてた
おかし
一番エライ人
もっとエライ人
エライ人も若い人も同じ部屋で過ごすようにと
楽屋はひとつしか作らなかったんです
大阪 天満宮
隣の神社と繁昌亭は関係があるのですか?
天満宮ですね
もともと天満宮の境内にいろんな芸能の小屋が建ってた
繁昌亭は天満宮の敷地を借りて建てられたんです

毎月25日にお礼の意味をこめて「天神寄席」というテーマ落語会を開催してるんですよ
天神寄席
それが今日の落語会というわけです
この日のテーマは落語と仏教
仏教思想をモチーフとした落語を五席と
「松山鏡」「始末の極意」「宗論」「鈴振り」「後生うなぎ」
釈先生 髙島先生 桂春之輔さん 3人のトーク
今日はずっと楽屋にいてどんなことをしてるか見てたらいい
えっ
そりゃー めったに経験できないのでそうしたいですが
いいのでしょうか？
いいんじゃないですか？
というわけで
じ…じゃあ
ラッキー!! でも落語家さんの許可はいらんのかな？
はじめて繁昌亭に来て客席じゃなく 楽屋で過ごすことになりました

気がつくと トップバッターの団姫さんは着物に着がえてる!!
落語家さんは自分の出番の少し前に着物に着がえてました
早っ
あの…女性の落語家さんも男の人の着方をするのですか？
男の着方
いやいや 私はたまたまです 女の着方の人もいますよ
ぱっ
それに私 尼もやってるので そーゆーの関係ないかなって
ハァ…
ドキ
フフフ
これ カツラなんですよ 三千円
あーびっくりした
ドキ ドキ
団姫さんはエキセントリック美女でした
女性で男の着方をするの タカラジェンヌ以外で はじめて見た

第10回
松山鏡

いよいよ天神寄席がはじまります
じゃ 私たちは客席に行きますので
行ってらっしゃいませ
楽屋にあるステージモニター
カンドーー
おー さっきココでしゃべってた人が舞台に…
「松山鏡」
露の団姫
鏡というものをまだあまり見たことのない時代
越後の松山のお話です
正直者の正助《しょうすけ》さん
お上《かみ》が 何かほうびをとらせるというのに欲しい物がありませんでした
何か望みはないか？と聞かれて
それならば お父《と》っつぁまが死んで十八年になるがお父っつぁまに会いたい
と言い出す
正助の父はいくつで世を去った？
四十五です
正助は今いくつだ
四十二です
そうかそれじゃ
この箱の中を見てみなさい

あっ
お父っつぁま
正助さんは鏡に映った自分を見ておやじが映ってると勘違いして大喜び
これは決して他の人には見せてはならんぞ
わかりやした
正助さんは女房に秘密にして鏡をのぞいていた
女房は夫の様子に気づき
こっそりのぞく
あっ
われどこのもんだ!? 人の亭主取る面《ツラ》か!?
鏡に映った自分の顔を浮気相手と勘違い
うわーん
嫉妬《しっと》に狂って泣き出す
どーしたどーした
このつづらの中はなんだぁ!?
いやあれはその…
オラが知らねぇと思っておめえさまは――!!

ボカスカ
あ
やめなさいっ
ちょうど通りかかった隣村の尼さんが仲裁に入る
両方の事情を聞き
よしオラがその女子《おなご》に会うべぇ
はらり
はっ
これは…
ふふ
おめぇらがあんまりえれぇケンカしたで
中の女ァ
きまりが悪いって
ぱっ
尼になった
あっ
おつかれ様でした―
カツラ
おつかれ様でした
エキサイター団姫おそるべし…

第11回
後生《ごしょう》うなぎ
最初はちょこっと見学させてもらうだけかと思ってた
へー
ここですか
繁昌亭《はんじょうてい》の楽屋訪問
まさかこんなにどっぷり楽屋の主《あるじ》のような体験ができるとは
もう2時間いる
座敷わらしってこんな感じなのかなぁ
いるのにいないように部屋の中を観察する
でもそういうのダイスキ

そういえば 主は もうひとりいた
こっちの主は 楽屋を 知りつくしてて
テキパキ
テキパキ
こまごまと よく働く
ひと段落した時に 話しかけてみた
あの
落語家さんを 目指している方 なのですか？
いえ 落語家 なんです
修業中の 三年間は 楽屋の お手伝いを するんです
あっ そうなん ですか!!
失礼 しました
どうして落語家さんに なろうと思ったのですか？
師匠の落語を はじめて聴いた時 すごく面白かったので
仕事やめて すぐ 弟子入りしたんですっ
今 26才 です!!

弟子入りして まだ一年半なので 落語のこと あんまり知らないんですけどね
えへっ
へー
それなら 私も 釈先生の本を読んで
こんなに わかりやすく 面白く 宗教学を 語れる人が いるんだ!!
と 釈先生の宗教学 講座に通い出して二年
まだ 全然 わからんなぁ…
今はこんなふうに 後ろにくっついて 楽屋に入ってるし
ヒョコ ヒョコ
私も釈先生に 弟子入りしたような もの…?
仲間だねっ
ニコッ
?
勝手に 親近感

楽屋にいて気づいたこと
みなさん自分の出番の前に
お先に勉強させていただきます
と おじぎをして楽屋を出ていく
それに対して送り出す人もおじぎ
若い人も年輩の人も
勉強させていただきます
同じ
私は慣れてないのでうまくできない
しびれてる
息子が落語教室に行ったとき 最初におじぎの仕方を教わってたなぁ…
それから みんなでひとつの話題を話してる
じ
座敷わらし化して観察する私
会話のキャッチボールをしてその場の輪を乱すような人はいない

年長者がいると
その人だけがしゃべってて
あとは聞いてるケースが
多いけど そうじゃない
みんなで
しゃべってる
そして
みんな
人の話を
ちゃんと
よく聞いてる
はっ
そういえば
落語家さんは
コミュニケーションの
プロだよ
落語を学ぶと
コミュニケーションも
学べるよ
ツレがそんなことを
言ってたなぁ
私 人が集まる
場所で うまく
話せないから
学ばねば!!
てなことをしてるうちに
前半が終わり
おつかれさま
でしたー
釈先生 髙島先生
桂春之輔さんの
トークが終了
突然
髙島先生が
最後のトリだけ
客席で聴くのは
どう?

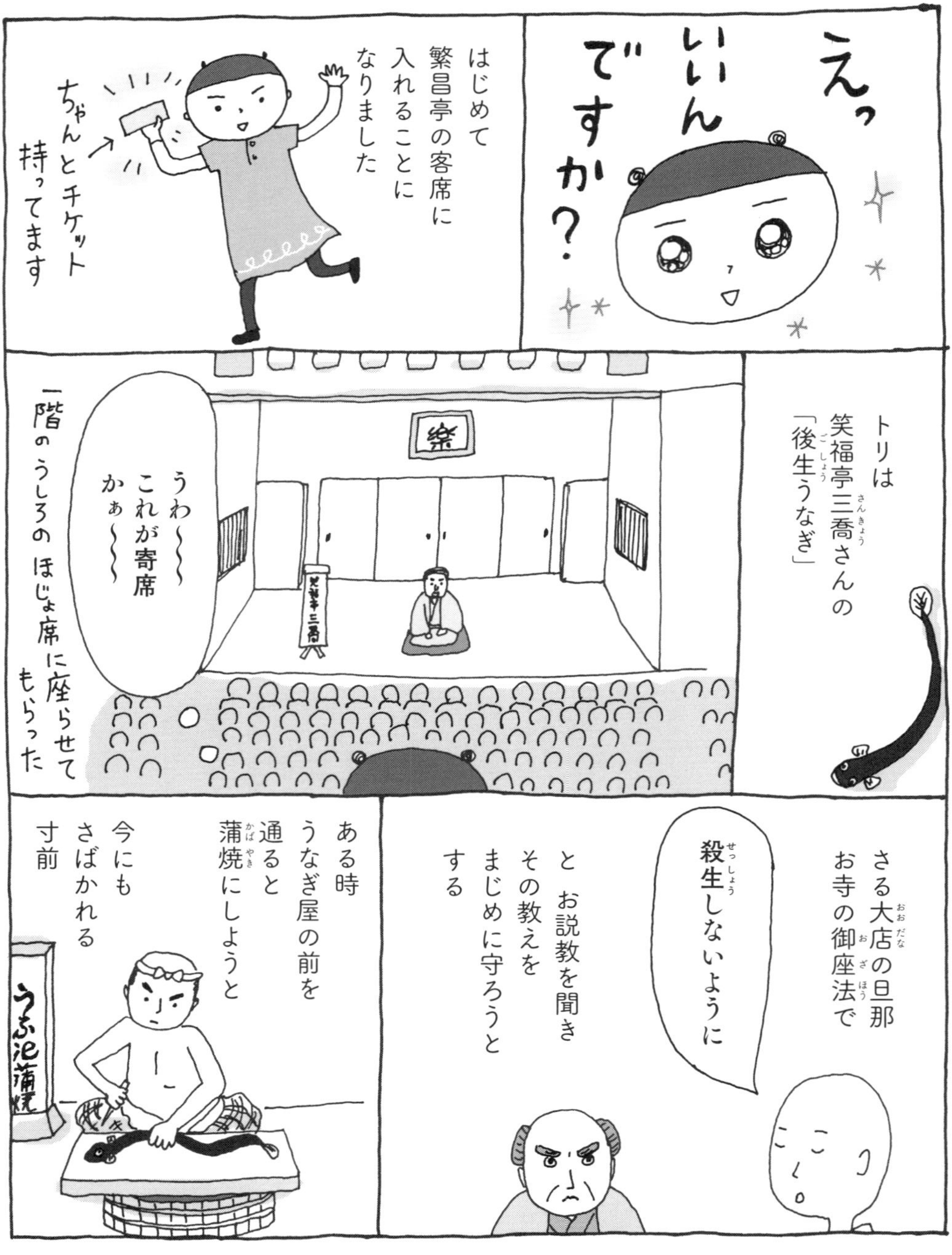
えっ いいんですか？
はじめて繁昌亭の客席に入れることになりました
ちゃんとチケット持ってます
トリは笑福亭三喬《さんきょう》さんの「後生《ごしょう》うなぎ」
うわ〜〜これが寄席かぁ〜〜
一階のうしろのほじょ席に座らせてもらった
楽
さる大店《おおだな》の旦那お寺の御座法《おざほう》で
殺生《せっしょう》しないように
とお説教を聞きその教えをまじめに守ろうとする
ある時うなぎ屋の前を通ると蒲焼《かばやき》にしようと今にもさばかれる寸前

こらこら何やってるんだい あたしの目の黒いうちは 一匹のうなぎも殺させないよっ
えっ
それじゃあ ウチが つぶれちまう
すったもんだの末 二円でうなぎを買い取り 前の川にボチャーン
あぁ いい功徳《くどく》をした
翌日 また同じように うなぎ屋で二円払って うなぎを買って ボチャーン
あぁ いい功徳をした
これが毎日続き うなぎ屋は 仕事もしないで 日銭が 転がり こむと 大喜び
福
ところが 旦那がばったり 来なくなった
アレ？
どうしたのかと 女房とあわててる ところへ
久しぶりに向こうから 旦那がやってくる
ところが うなぎは 仕入れてない

何か生きてるもんはないか？どじょうは？
みそ汁の具にして食べちゃったよ
金魚は？
ネコがとっちゃった
うんじゃ赤ん坊だ!!
生きてるものならいいだろうと赤ん坊をハダカにして割《さ》き台の上に置いた
おいおいその赤ん坊どうするんだ？
へぇ蒲焼にするんで
ばかやろうなんてことしやがるこれ いくらだ？
百円
旦那は生き物の命にゃかえられないと赤ん坊を百円で買い取り前の川にボチャーン

はっ
……
パチ
パチ
パチ
パチ
パチ
パチ
釈先生にお礼を言わなきゃ!!
キョロ
キョロ
いた!!
ありがとうございましたっ
気をつけてお帰りください
一番線に電車がまいります

ガタン
ゴトン
ガタン
ゴトン
赤ちゃんを
川に
ボチャーン
って…
笑って
いいの？
笑って
いいの？
笑って
いいの？
いろんなことを
学び
そりゃあ
赤ちゃんは生き物
だけど
全然
ちがうよね？
いろんなことに
ショーゲキを受けた
はじめての繁昌亭でした

第12回 池田《いけだ》のしし買《か》い

私の長年の悩みは
冷え性です

平熱は35度台
35.6
冬 冷えるのは当たり前で
夏も エアコンの効いてる部屋や電車
冷たい飲み物食べ物で

一年中
冷えてる
昔 イグアナを
息子のように
かわいがって
飼ってたから
変温動物の母に
なっちゃったんじゃ
ない？
低体温イグアナ女現る
ヒーター
な、わけないだろ!!
カラダが
冷えてると
ロクなことがない
消化不良
お腹いたい
むくみ
肩こり
ハーハー
息ができない
代謝が
悪いので
ヤセない

私は典型的なヤセにくくてつかれやすい女なのです!!
かなしいかなしい
うえーーん
なので 数年前から温活《おんかつ》をはじめました
冷えにいいということは何でもしてみて
冷えにいいという物は何でも食べてみる
こんな感じです
あったか下着
はらまき
スパッツ
レッグウォーマー
「首」と名のつく所はかくす
水筒に白湯か温かい中国茶を入れて持ち歩く
ショウガを食べる
湯船につかる

ショウガ〜〜
あったかいのみもの〜
ギラ
ギラ
あったかい食べもの〜〜
ぷっ
なんだか「池田のしし買い」みたいだね
は？
昔の人も温活をしてたってこと？
おっ池田のしし買い知ってるの？
ぜんぜん
がくっ
そうだな平たく言うと温活のハナシだよ

舞台は大坂
今年は寒くて冷えてしょうがないですわ
それやったらシシの身食べるとよい
「薬食い」といってホコホコと体の内から ぬくくなる
イノシシ
買うんやったらとれとれピチピチの新しい物がいい池田なら産地だから新しい物がある
大阪の北
池田
大阪市
男は池田に住んでるイノシシ獲《と》りの名人六太夫さんの所に行きました
大坂から新しいシシの身を買いに来ました
ちょうどよかったそこに一昨日《おととい》獲ってきた新しいのがある
それじゃあきまへんっとれとれのピチピチでないと
目の前でシシを撃ってくれなければ

そんなに言うなら出かけるか
二人が山に行きますと運よく二頭のイノシシが現われました
オスとメスだ
お客さんどっちを狙う？
おいしいのがメスで…肉が多いのがオス…
う〜んう〜ん
迷うのでどっちか撃ちやすい方を
じゃー撃ちまっせ
ドーン
バタン
大きいイノシシがバタンと倒れた
これ新しいか？
ええかげんにしなはれっ
バン
バン
だっ
ホレ 見てみい走るくらい新しいやないか
気絶しとっただけかいっ!!

というハナシ
ね？なんかてんさんみたいでしょ
イノシシの肉って冷えにいいの⁉
その六太夫さんが住んでる辺りって釈先生んちの近くじゃないの？
釈先生んちに行くときそういうカンバンがあったじゃない!!
イノシシ注意
釈先生んちでイノシシを食べさせてもらおう
フフ
ちょっと待った

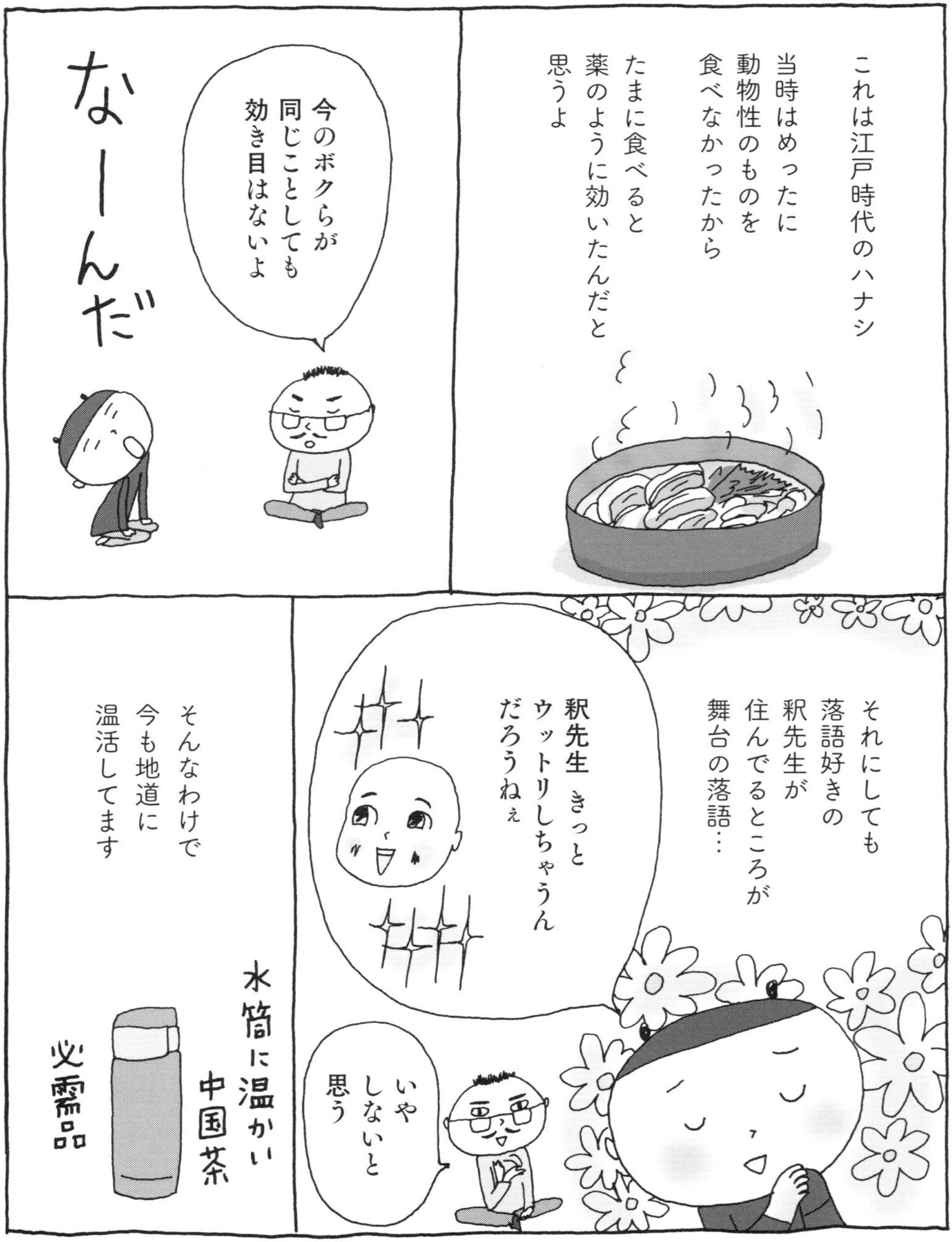

これは江戸時代のハナシ
当時はめったに動物性のものを食べなかったから
たまに食べると薬のように効いたんだと思うよ
今のボクらが同じことしても効き目はないよ
なーんだ
それにしても落語好きの釈先生が住んでるところが舞台の落語…
釈先生 きっとウットリしちゃうんだろうねぇ
いやしないと思う
そんなわけで今も地道に温活してます
水筒に温かい中国茶
必需品

仲入

ツレコラム4

「上方落語と江戸落語」

志《し》ん生《しょう》だの圓生《えんしょう》だの聴いていたときは、落語ってのは江戸落語なんだと思っていた。他に落語があることを知らねぇわけじゃねえんだけど、落語ってのはそういうもんだと。でも、江戸が文化の中心になる前から、落語はあったし、庶民の話し言葉で語るというルールがあったから、江戸時代になって江戸ネイティブな落語が誕生して盛んになっていったのだった。江戸落語は新しい落語だったわけです。関西にはずっと、以前からの落語がそのまま「上方落語」として残っていました。

今から七年前に、僕と相棒と息子は関西に引っ越してきました。ここを住処《すみか》と定め、暮らしていくうちに地元として溶け込むことにしました。

相棒の好きな宝塚歌劇、僕の好きな大阪フィル……は以前から親しんでいた関西の文化だったけど、他にも伝統芸の世界がいろいろ。相棒は文楽や能、上方舞《かみがたまい》なんてものを見つけてきました。そして息子が吉本新喜劇にハマり、相棒は上方落語に夢中になる。

落語の世界に昔からあるネタには、上方落語がオリジナルというものもたくさんある。うちの相棒は『池田のしし買い』を取り上げましたが、『牛ほめ』という落語も、もともと『池田の牛ほめ』として知られる落語でした。同じ内容でも江戸口調で聴くのと、関西弁で聴くのとでは微妙な違いがあって、比べて聴くのも味わい深いです。細かい違いに庶民の習慣の違いみたいのが見えたりしてね。

上方落語の落語家は、江戸落語に比べて少ないのが現況のようですが、放送やマスコミの東京への一極集中によって、引き抜かれていったという過去があるからだそうです。

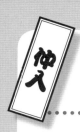

コトバの印象で
とらえ方は
変わるので
コトバの持つ力って
スゴイ

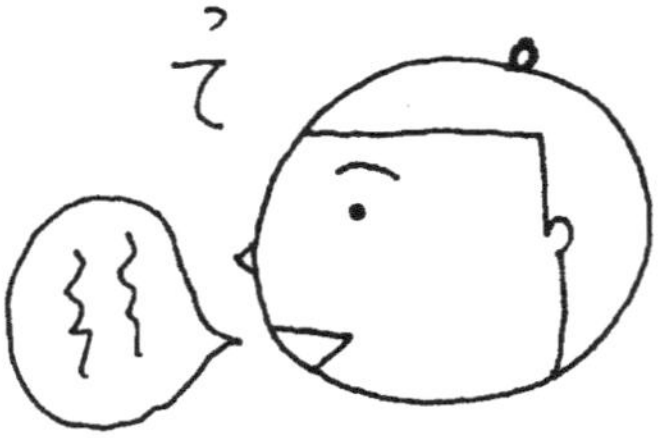

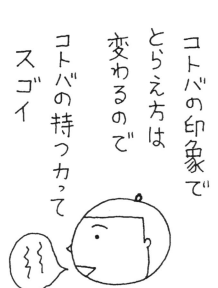

第13回 始末《しまつ》の極意《ごくい》

ブー
ん〜
ん〜
おもしろい話…
えーとね
カッパがね
川を泳いで
たんだよ
なんと それを
だるまが見ててね
だるまも一緒に泳ぐの
で…
だるまの中には
ぎっしり詰まった
だるまんじゅう
って それ
まるで
「みんなの歌」
の「うんだらか
うだすぽん」
じゃねーか!!
えーとね
えーとね
はっ
こういう時こそ
最近覚えた
落語かっ

えーとね
えーとね
そのだるま
実はケチ
なんだよ
ケチなだるま
そう
ケチんぼ
どれくらい
ケチかって
いうとね
そのだるまは
一枚の紙を
三通りに
使うんだって
三枚に切って
使うって
こと？
ううん
そうじゃない
最初は
真っ黒に
なるまで
字を書いて
そのあとは
鼻をかむ
ちーん
で　そのあとは
お日様に当てて
乾かして

トイレの紙として使う
えー
えーって思うでしょ？
なんかキタナクてやだ
うえー
そのくらい物をとことん使いまくるケチなだるまなんだよ
ごはんのおかずがまた すごい
梅干しをお皿に一個のせて
それを見ながらごはんを食べる
見るだけじゃおかずにならんだろ!!
梅干し見てすっぱいだろうなぁって思うだけで唾液が出てごはん食べられるんだって
そのだるまが以前 住んでた家の隣がうなぎ屋さんでね

隣から漂《ただよ》ってくる
うなぎを焼く匂いを
おかずにしてたんだって
それで毎日
ごはん食べてたら
匂いのかぎ賃
払えっ!!
と 請求書が
来たんだって
そしたら そのだるま
うなぎ屋の前に
財布から
小銭を
ジャラジャラ
出して
ジャラ
ジャラ
匂いのかぎ賃
だから
音だけで
よかろう
ささっ
と また財布にしまった
ケチの天才
だるま
なんだよ
えーって
思うでしょ
えー
っ

この世にムダな物は何ひとつない!!
ケチこそ人生!!
だるまなの
そんでね ある日ケチの極め方を教えてほしいって人が訪ねてきたの
そんな変人がいるんだ
昔はケチのことを始末と言ったんだよ
始末の極意を教えてください
それじゃああの松の木にぶらさがりなさい
言われた通りに
しました
それじゃ左の手離しなさい
離しました!!

今度は
小指をそっと
離しなさい
離しましたっ
今度は
薬指を
離しなさい
離しましたっ
今度は
中指を
離しなさい
えっ
は…離し
ました〜〜
今度は
人差し指を
離しなさい
ええっ
ムリです!!
これぱっかりは
離せません!!
離すなよー
コレ
離さんのが
始末の極意
だ
すう
すう
すう
お金!!

眠ったんだね……
……
落語がはじめて日常生活で役に立った!!
かも
翌朝
昨日 ハハが話してくれただるまのハナシ面白かったな
そう? どのへんが!?
だるまの中にだるまんじゅうが詰まってるとか
ってそれ「みんなの歌」の「うんだらかうだすぽん」じゃないかっ
息子に面白がってもらえる落語をいっぱい覚えたいな

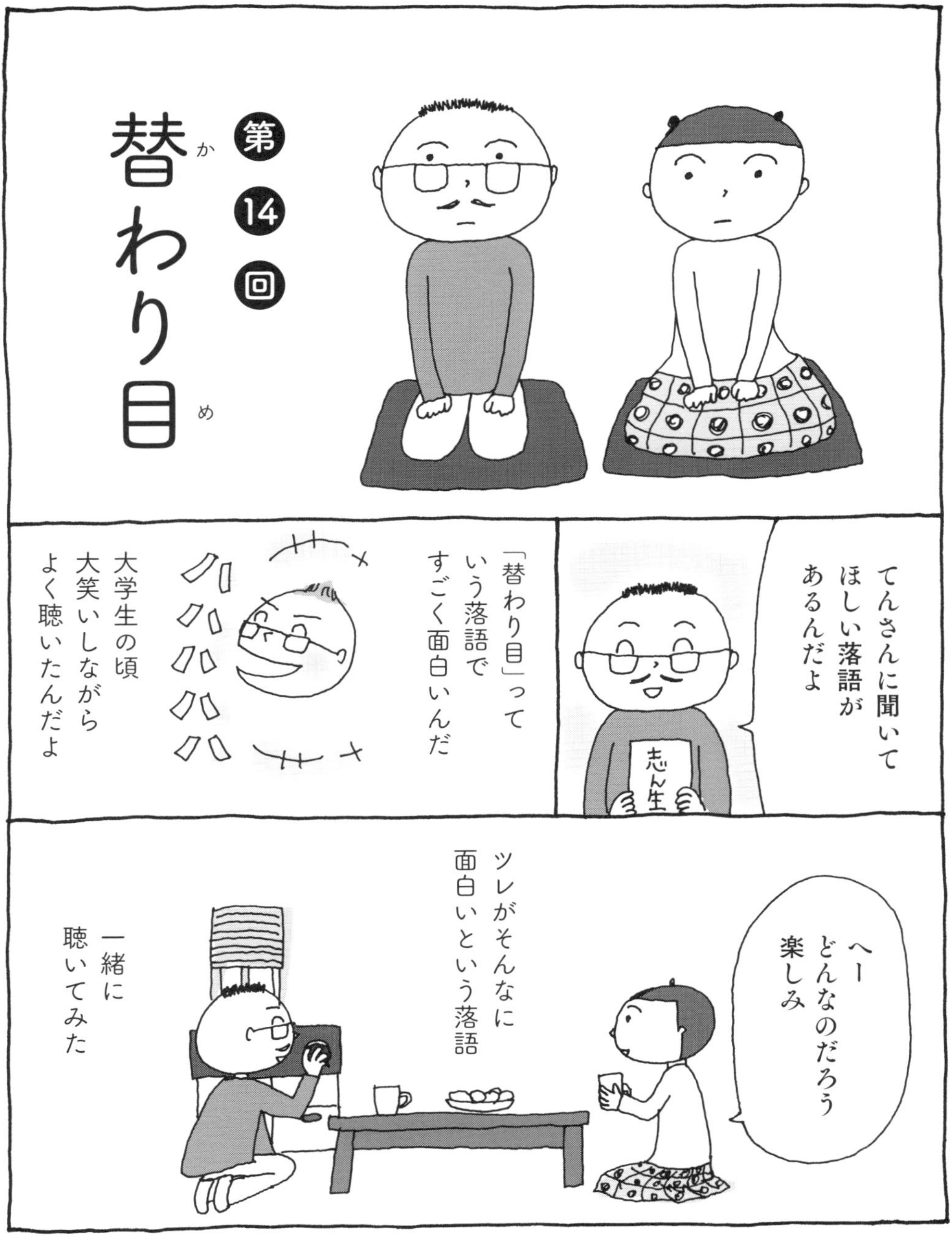

第14回
替《か》わり目《め》
てんさんに聞いて ほしい落語が あるんだよ
志ん生
「替わり目」って いう落語で すごく面白いんだ
大学生の頃 大笑いしながら よく聴いたんだよ
へー どんなのだろう 楽しみ
ツレがそんなに 面白いという落語
一緒に 聴いてみた

「替わり目」志ん生
♪
一でなぁし
二でなし 三でなし
四でなしかぁ 五でなし
六でなし
よろよろ
七でもありませんよ
八でもなければ
九でもないなーい
十が十一 十二 十三 十四
十五 十六 十七…
この唄止まらねぇな
酒を飲んで
へべれけに酔って
夜中に帰ってきた
亭主
自分ちの家の前で
俥《くるま》に乗って
どこへも行かず
俥から降りて
女房に俥代を
払わせる
どうして
家の前から
乗るの
頼まれたから
乗ったんだ
ヒック
酔っぱらいの
ハナシかー

志ん生の酔っぱらいの描写が上手すぎて
ずいぶん酔ってるね お寝なさい
寝ない 一寸こんなことやりたい
自分の父親を思い出す…
これってなーに?
酒だよ
そんなに飲んできて その上飲むのっ
私の父親は言いたいことが言えなくて酒でストレスを発散するタイプだった
飲むとこんな感じだった そしてキライだった
そんなに酔っていては飲ませられません
なにイ そんな権利はお前にあるのか
かかあのくせして女房で女っ
俺は亭主だぞ 一軒の家《うち》では 主《あるじ》が一番エライんだぞっ
ああああ
酒の勢いで言いたい放題の男… サイアクだ

結局 言いなりに
飲ませる女房
えー
飲ませちゃうんだ
ヒック
夜中に酒のつまみまで
用意させようという亭主
何かつまむ
物はないか
横町の
おでんを
買ってこようか
え――
用意
しちゃう
んだっ
おでんを買いに
行こうとする女房に
こら すぐ
駆けださないで
食べたい物を
聞きなさい
ハァ?
出かける前に ちょっと
化粧直しする女房に
そんなこと
しなくたって
いいんだ
お前なんて
頭なんか
なくったって
いいんだ
ハア?
早く買ってこい!!
お多福めっ
ハアアア?!

女房が買い物に出たとたん
しんみりする亭主
この飲んだくれを世話してくれるのは三千《さんぜん》世界を探してもあの女房以外にいないんだよ…
器量だって悪くないし近所にも「あなたの奥さん美人ですね」って言われる
オレもそう思う
じゃあ本人に言ってやれよ
でもそんなこと言ったらダメなんだ
なんで?!
おどかしたりするが心の中では すまないと思ってるよ
陰でわびてますよ
許してください
あなたみたいなイイ女を女房にもらえてもったいないくらいだ
思ってるだけじゃダメなんだよっ
陰じゃダメなのっ
それを本人にちゃんと言えっ
ん?
まだ行かないのかっ

これで…終わり?
これをツレはオモシロイと思ったの?
がーん がーん がーん がーん
これをボクはオモシロイと
思ってたのか…
えーー

今はどう思うの？
これは…
いわゆるカウンセリングの症例みたいなハナシだね…
言葉の暴力 モラハラ・セクハラ アルコール依存
昔はこれでよかったのかも知れないけど今はダメだよね
うん!! ダメだと思う
昔 聴いた時は志《し》ん生《しょう》の酔っぱらいの描写が上手くて自分の父親を思い出したんだ
えっ
自分の父親も酔っぱらって言いたいこと言ったりしてて
こーゆー風景あるあるっていうのが面白かったんだと思う
へー

酔って言いたい放題の
子どもっぽい亭主に
しっかりしてて
男を立ててくれる
美人の女房
自分もいつか こんな
夫婦に
なるんじゃないかって
ワクワクしたのかも
今は真逆だけどね
ヌタワク
今 改めて聴いて
日本の男女関係の
悪い見本かも
と思って
びっくりした
全然笑えないっ
悪い見本
だよ
だけど 志ん生は
上手だなって
思ったよ
ハンペンを
ペンっ
とか
いう言い方が
おかしい
クスクス
志ん生
現実はコウだけど
それなりにシアワセ
でしょ?

かぶり

ツレコラム5

「夫婦のあり方も世につれ」

『替わり目』だね。僕は結婚してから夜勤の送迎バスで出会った落語に夢中になったハズなんですが、なぜか大学生のときから知っている落語です。でもこれも演者と題名を知るようになったのは、新宿図書館に通ってテープを借りまくってからのことだけど。

大学生のとき、両親がまだフランスに住んでいたので、長い休みのときには日本から飛行機に乗って会いに行ってました。そのフライト中に飛行機の中のサービスで「もう聴くものがなくなって」聴いていたのが落語だった。そのときに「面白いなあ」と思ったのがこの『替わり目』。いかにも情けないオヤジが女房の前では空威張りするというのが楽しかった。フランスの両親への手土産が、さだまさしさんが落語風に語った『三国志』のカセットテープだったというのも、その頃の僕の価値観を表わしているような気がする。

今となっては「男の甘えが許された時代」の産物だったと言えましょうか。

それが「甘え」と思えたうちは許されていたんだけど、今聴くと「不愉快」だと思うのがまた不思議です。ある意味不寛容になったわけだけど、余裕がなくなったから不寛容になったのではなく、そこに含まれている力関係の不公平さが許せないものだという「当たり前の事実」に気づいたからです。

でも「こういうのって普通」という文脈ではなく、「なんかヘンだぞ笑えるぞ」という形でネタにしていた落語は、本質的には誰かがその矛盾に気づいていたからあり得たわけで、そういう意味では奥が深いのかも。

ちがうと思ったら
ガマンせずに
ムカっとして
いいんだと思う

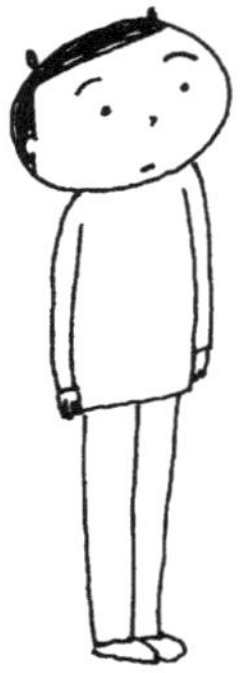

第15回
まめだ
釈先生は相愛《そうあい》大学で落語の社会人向け公開授業をしていて
大学に落語家さんが来て
授業で落語をやってくれる
笑顔がカワイイニュートラムに乗っていく
私はその授業に通っていました
その授業のひとつに「相愛寄席」があります
上方《かみがた》落語など日本文化の魅力を発信してる人文学部の人気公開授業
実際に授業で寄席を体験しましょう!!

相愛寄席に
行ってみました
広い
ホール
だなぁ
寄席というのは
順番があります
一番
開口
こみ
入れ
中トリ
入り
仲
ぶりれ
かたれ
もトリ
トリ
全部をひとまとめにして
お客様に楽しんでもらう
私はこの順番に
どんな意味があるのか
わからなかったけど
周りのお客さんを見て
なんとなくわかった
開口一番のとき
すごくよく見える
みんな
寝てるよ!!
ぐー
入れこみのとき
さっきより
へったけど
まだ寝てる!!
中トリ
さっきまで
寝てたのに
みんな起きて
笑ってる…
ハハハ
ハハハ

仲入(休けい)
ふ
落語を聴きに来るお客さんてけっこうシビア
でも…
周りの人たちが寝てるとき私もすごく眠かったのでしょーがないのかな？
かぶり・もたれ
後半はみなさん起きて聴いてる
ここまではずっとゆるい空気だったのに
トリの桂春之輔さんが出てきたら
あ 落語の授業の先生
空気が変わった
アレ？
周りが「聴くぞ」って体勢になってる!?
よくわかんないけど
春之輔さんが「まめだ」を話し出したら
あっ
自分の周りが昔の道頓堀《どうとんぼり》になった

「まめだ」というのは
豆狸《まめだぬき》のことでして
昔は
道頓堀の芝居小屋が
並んでる辺りに
よぉ タヌキがおったそうです
その芝居小屋の
舞台に立ってた
市川右三郎《うさぶろう》という
大部屋の役者が
おりました
役者修業は大変ですが
トンボ返りを猛練習
してできるようになり
いい役がつくように
なっていきました
右三郎は
三津寺《みってら》さんの向かいに
住んでおりまして
びっくり膏
「びっくり膏《こう》」という
家伝の薬を売る
母親と二人きりの生活
びっくり膏の使い方
貝の中に
膏薬が入ってる
これを
紙か布《きれ》に
のばして
痛いところへ
はる

秋の頃でございます
右三郎が芝居小屋から
帰ろうとすると
パラ
パラ
パラ
時雨《しぐれ》がふり出しました
傘をさして
宗《そ》右衛《え》門町《もんちょう》の
華やかな通りを
歩き
一筋北の
三津寺筋に入ると
いっぺんに
ひっそり
暗い道になる
急に
傘の上が
ズシッ
と
重たく
なった
なんじゃいな?
すぼめて
みたら
何もない
また さして
歩き出すと
ズシッ

ははぁ
さては まめだが
悪さして
けつかるな
よーし ひとつ
懲《こ》らしめたれ
と 傘をさしたまま
トンボを切った
ポーン
ドスン
ぎゃ
っと悲鳴が聞こえ
黒い犬のようなものが
逃げていった
次の日 いつものように
家に帰ると 母親が
こんなことを言う
どうも
けったいや
色の黒い
陰気な男の子が
膏薬《こうやく》買いに来て
から勘定が合わん
一銭足りなくて
代わりに銀杏《いちょう》の葉が
銭箱に入ってんねん
アホ言いな
今 落ち葉の
時期や
三津寺さんの前
銀杏の葉
だらけや
ところが翌日も
一銭足らなくて
銀杏の葉が一枚
毎日こんな日が
続いたので
「ただいま」も言わんと
銀杏の葉か?
そぉや
が
あいさつになって
しまいました

ある日 色の黒い男の子が 来なかったら
銭が合ってて 銀杏の葉もない
フシギやなー
その翌朝 ザワザワと 表がうるさい
おーい来てみい 三津寺の境内で まめだが 死んでるで
見てみいな 体にいっぱい 貝殻ひっつけて けったいな まめだや
おかん ちょっと わし 見てくるわ
そこには びっくり膏を 貝殻ごと 体に はりつけた まめだの 死がい
あの雨の夜 トンボ切った時の まめだか!!
強く体を痛めたから 男の子に化けて 銀杏の葉を金に変えて 膏薬を買いに来てたか
お前なぁ この薬を 紙か布《きれ》へ伸ばして 痛いところへあてがわ なんだらいかんのに
貝そのまま ベタベタはって 何 効くかいな
ちょっと言うたら 教えたるのに…

哀れな話やちゅうて
みんなでまめだの前に
線香を立てて
お葬式をした
住職と
親子の
三人が
まめだの
死がいを
見てると
秋風が
サーッと吹いてきて
おかん
見てみ
タヌキの仲間から
ぎょーさん香典が
届いたがな
パチ
パチ
パチ
パチ
はっ
落語を聴いて
泣きそうに
なるなんて…
周りのお客さんも
満足そう
感動
寄席の順番て
ひとつの演出法
なのかな
と思った
帰り道　銀杏の落ち葉を見て
まめだ…
思い出して
また泣きそうに
なってしまいました

第16回
時《とき》うどん
釈先生と知り合う きっかけは
六大宗教
釈先生の 文庫本の 表紙イラストを 描かせてもらった ことでした
その後「会いましょう」という ことになって 私の方から
一緒に うどんでも どうですか？
と お誘いしたのです
今 振り返ると
なんで うどん？
と 思うのですが

その頃 好きで通っていた「絹延橋《きぬのべばし》うどん研究所」という
うどん屋さんが
釈先生のウチの近く
だったこともありました
オシャレな たてもの の うどん屋さん
ハジメマシテ
うどん屋さんで
の私たち
それから
釈先生の住む池田には
「吾妻《あづま》」という
大阪で一番古い
うどん屋さんが
あることを教えてもらい
極細のめん おいしい
ささめうどんを
食べに行きました
最近 池田の商店街で
見つけた「更科《さらしな》」という
うどん屋さんで
「刻《とき》うどん」を食べました
・刻みあげに
・ときたまご
やさしくて おだやかで ワタシ好みの味

この刻うどんて落語にちなんでつけたって書いてある
刻うどん 落語からつけました
ああ関東でいう「時そば」じゃない？
上方《かみがた》落語だと「時うどん」
江戸落語だと「時そば」になるんだよ
時うどん
知恵の働く兄貴分と少し足りない弟分
屋台のうどんを食べようと金を出し合うが
一文《もん》足らない
うどん
兄貴分が
なんとかなる
と
一杯のうどんを注文し二人で分けて食べたあと口先で支払いを一文ごまかす
次の日 弟分がマネをしようとして失敗する
時そば
一人の男が屋台のそば屋を
二八
おっ はやい うれしいねぇ
どんぶりもいいなぁ
かつお節もいいの使ってる
やたらほめまくって支払いを一文ごまかす
それを脇で見ていた男が次の日 マネをしようとして 失敗する

明治の中頃に三代目 柳家《やなぎや》小《こ》さんが
上方の「時うどん」を東京に移して「時そば」ができたらしい
へー
そういえば私たちも浦安に住んでたときはおそばをよく食べてたけど
宝塚に引っ越して来てからはうどんを食べることが多くなったね
場所が変われば
設定も変わるんだね

家に帰って
「時そば」と「時うどん」
聴き比べてみました
「時そば」は
軽いトーンで
シンプルに
物語が進み
気が短いけど
さばさばしていて
江戸っ子っぽい
ゆかいー!!
軽かいい!!
「時うどん」は…
清やん
面白かったなぁ
BOSE
スピーカー
はっ
これは!!
「七度狐《しちどぎつね》」の時と同じ
喜六《きろく》と清八《せいはち》が出てくる
じゃないか!!
清《せい》やん
きー公
あんたら
ここにも
出てたんか
おう 腹へったな
なんぞ食おうか
なんぞ食お
わい 腹ペコペコ
へったねん
また
腹が
へってる!!
「七度ぎつね」の時も
へってた

腹がへって
屋台のうどんが
食べたいけれど
二人合わせて
十五文しかない
うどんは一杯十六文
まぁ ええわ
これでうどん食お
一文くらい
なんとかしよ
一杯しか
食われへん
そら しゃあないがな
わいが先に食うて
半分 お前に残したる
知恵の働く清やんは
うどん屋との上手な
「息と間《ま》」のやりとりで
ごちそうさん
ほんなら勘定《かんじょう》頼むわ
ちょっと銭が細かいさかい
あんじょう数えてや
いくで
一つ 二つ 三つ 四つ
五つ 六つ 七つ 八つ
今 何どきや?
へい
九つで
(午前○時)
十 十一 十二 十三 十四
十五 十六 ほな さいなら
おおきに ありがとさんです
みごとに一文
支払いを
ごまかす

それを見ていた喜六
うわぁ おもろい 明日 わいも やったろ
ムリムリ やめとけ
次の日の夜 別のうどん屋に行って 清やんのマネを しようとする
でも 清やんの ように 上手な 「息と間」の やりとりができない というか…
アレ?
アレ?
昨日 自分がやった 清やんとのやりとりも そのまま再現してるので
後ろから引っ張るな 半分になったら 代わったるって
へ? 何言うて まんねん
だまってぇ 昨夜《ゆうべ》と同じように やらんと 同じ息と間に ならんやんか!!
なんだかヘンな人……
喜六のひとり芝居が ようやく終わり
ゴクゴク
うぇー もう 終《しま》いや
にがー
やっと終わりましたか ホッとしましたわ
うどん屋 銭が細かいさかい 手ぇ出してんか あんじょう 勘定してや いくで
キタッ

一つ 二つ 三つ 四つ 五つ 六つ 七つ 八つ
今 何どきや？
へい 四つで（午後十時）
五つ 六つ 七つ 八つ……
喜六 四文多く 払ってるやん
あ――でも!!
うまくいってる人をマネすりゃなんとかなるんじゃないかっていう
喜六の気持ちがよくわかるー!!
（刻）時うどん また池田に食べに行こう

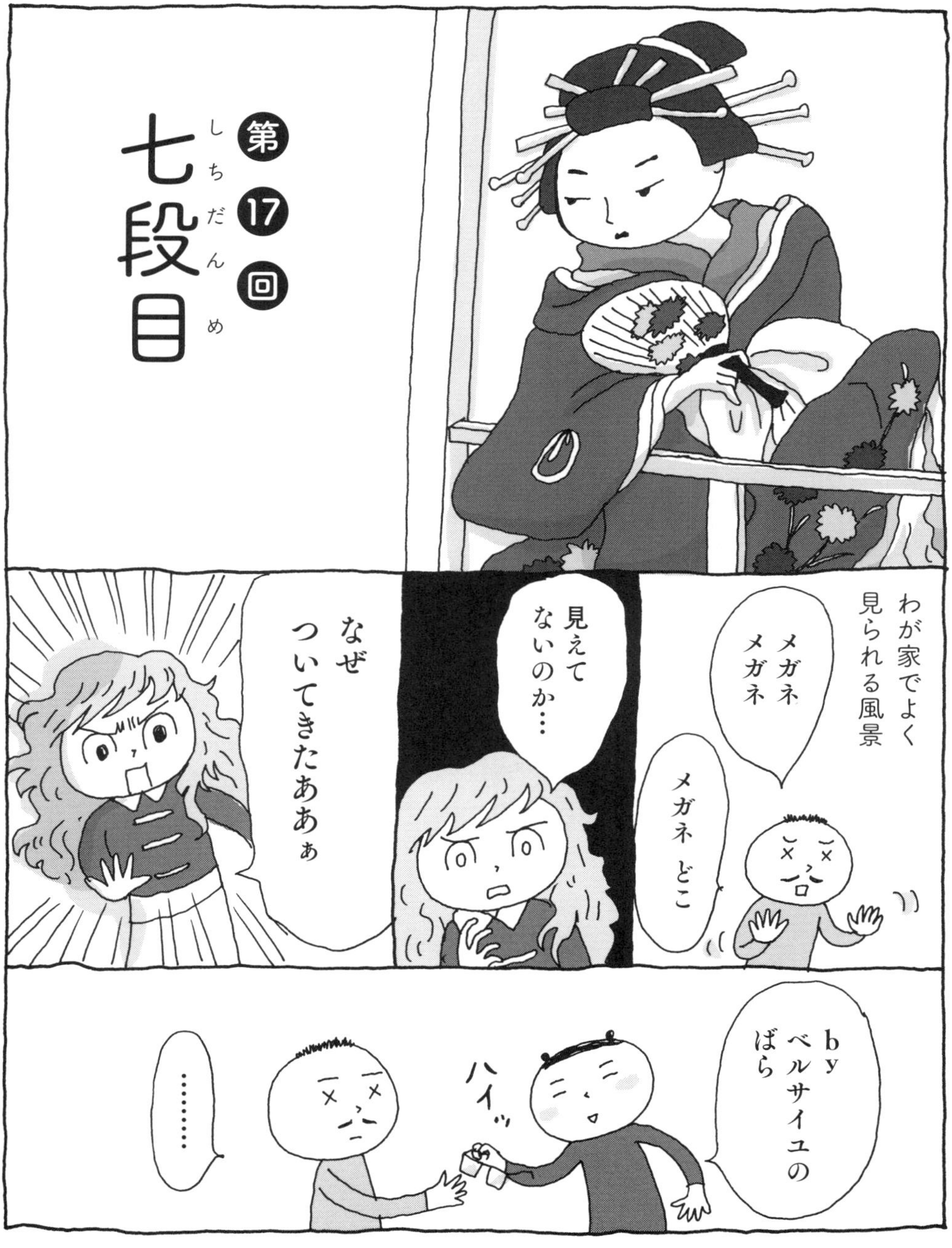
第17回
七段目《しちだんめ》
わが家でよく見られる風景
メガネ
メガネ
メガネ　どこ
見えてないのか…
なぜついてきたああぁ
by ベルサイユのばら
ハイッ
………

ハハー ここにあった 消しゴムのカス 丸めたの 知らない？
知らないよ
ホントに？ ゴミだと思って 捨てたんじゃ ないの？
フッ
ありえないわ
byエリザベート
日曜日の朝 ダラダラしてる息子に ひとりミュージカル
♪顔は洗ったの？
♪歯を 見せて
♪黄ばんでいるわね
♪みがきますわ
♪まあっしろに なるまで〜
……
ムシ
byエリザベート
家族に宝塚歌劇 ファンのいる日常は こんな感じだと思う
♪私はまだ 何も知らない
四十八の乙女だけーれど
byロミオとジュリエット
てんさん みたいな 落語があるよ

「七段目《しちだんめ》」って言うんだ
主人公はてんさんみたいな芝居好きの若だんな
お前どれくらい行ってんねん
と 父親に聞かれて
月のうち二 三日…
二 三日しか行ってないのか
休みます
ずるっ
ほとんど行っとんのやないかいな!!
いやいやさすがに私はそんなに行ってないよ
月にどれくらい行ってる?
それこそ月のうち二 三日…
そんなことないでしょ
いや四 五日…
一番多くて何回?

十八回
行っとるやないか!!
今日こそ息子にお説教をしてやろうと待ちかまえてた父親
また芝居見てたんやろ!! 遅いやないかっ
ガーン
はッ ははァ〜 遅《おそ》なわりしは拙者 重々《じゅうじゅう》の誤り
さりながら御前にいずるはまだ間もあらんと次に控えておりました
(by 仮名手本忠臣蔵 三段目)
何が「次に控えておりました」や!!
その芝居口調何とかならんのかいっ
ホンマ情けないアレがこの家の跡取り息子やでわしゃ それが心配で心配で…
おお父《と》っつぁん父っつぁん
そのお嘆きはご無用ぉごむよぉ〜
(by 義経千本桜 すしやの段)

番頭さんが間に入り
若だんなを二階に
上げる
キーー
番頭すまなんだ
よぉ止めてくれた
わしもそんなん
やるつもり
ないいんやけど
遅いや
ないか!!って
頭からガーンと
怒ってくる
さかいな
つい……
とにかく二階で
静かにして
なはれ
しかし芝居は
面白いな
帰ってきたら
仕事の話を
ゴジャゴジャゴジャ
どぉでもええがな
そんなこと
働いても一生
遊んでも一生
なのになぁ
しかしなぁ
面白かったなぁ
お客さんが
「顔見たい 顔見たい」
思てるとこへ
笠 パッと取ったら
パッ
大向こおから
声がかかる
ってやしたぁ
日本一ぃ〜

ムッ
!!
待ってましたぁ
さわがしいぞっ
たっぷりぃー
何が たっぷりじゃ 静かにせぇ!!
おいっ 定吉《さだきち》っ 定吉っ
へーい
二階で ウチのアホが 芝居のマネ ばっかり しとるさかい お前行って 止めてこい!!
へーぃ
うわぁー だんさんの 怒りはんの わかるわ
若だんさん 目ぇむいて 芝居のマネ したはる がな
この若だんさんに フツーに 「芝居やめなはれ」って 言ってもやめよら へんからなぁ

そや こっちも
芝居のセリフで
やめさしたろ
やめぬなんぞと
ぬかすが最後
とっつかめぇて
ひっつかめぇて
やりゃーしょめぇが
返答は？
だんっ
や～れ
若だんなさまぁ
芝居のマネを
やめればよし
あ・さあ
さあさあさぁ
何と？・
なあ～んと～？・
わぁー定吉
お前うまいな
二人で
芝居しよっ
なんでやねん!!
ずるっ
というわけで
「仮名手本忠臣蔵《かなでほんちゅうしんぐら》」の
七段目を演じることに
なった二人

仮名手本忠臣蔵

元禄時代
江戸城 松の廊下で
赤穂《あこう》藩主
浅野内匠頭《あさのたくみのかみ》が
吉良上野介《きらこうずけのすけ》に
切りつけた

浅野は切腹
浅野家はお取り潰し
その家臣 大石内蔵助《おおいしくらのすけ》たち
四十七人で敵討ちをした
赤穂事件を劇化した作品
大序～十一段目まである

江戸時代
その時 起こった事件を
そのまま取り上げることは
禁じられていたため
物語の設定は
南北朝時代の「太平記」に
置きかえられている

なので
名前もちがう

吉良上野介↓高師直《こうのもろのう》
浅野内匠頭↓塩治判官《えんやはんがん》
大石内蔵助↓大星由良之助《おおぼしゆらのすけ》

本編のサイドストーリー
として「おかる・勘平《かんぺい》」の話や
加古川本蔵《かこがわほんぞう》・桃井若狭之助《もいわかさのすけ》の
話が出てくる

仮名手本忠臣蔵で
二人でできる
シーンは
「七段目」の
おかるの所に
兄・平《へい》右衛門《えもん》が
訪ねてくるシーン
おかる
夫の勘平に
敵討ちの
お金を調達
するために身売りして
遊女になります
平右衛門
妹のおかるを
探しに
祇園一力《いちりき》茶屋に
現われます
赤い長じゅばん
帯のしごき
手ぬぐいの姉《あね》さんかぶりで
定吉は おかるに
若だんなは
床の間の刀を
持ち出し
おかるの兄
平右衛門になる
若だんなさん
芝居に気が
入ってきて
刀振り回さんと
ええな……
七段目を
はじめる二人
あぁ兄《あに》さん
面目ないわいなぁ
久しぶりに会った二人
近況報告をする おかる
妹の話を聞いて 妹が口封じ
のため 殺されるのをさとる兄
それならば自分が妹を殺して
その手柄で敵討ちに
加わろうと画策する
久しぶりに会《お》おた
この兄が 妹に
頼みがあるのやが
聞いちゃ～
くれめぇか？
兄《あに》さんの
頼みとは？

兄の頼み
とはなァ…
兄さんの…
頼みとは？
兄の
頼みとは…
すっ
妹よっ
さっ
われの命
この兄が
もろた!!
うわぁ
ゴロゴロゴロ
なんや？
どないした
どないした？
定吉や
ないか!!
しっかりせぇ
さては二階で
あのアホと芝居ごっこして
てっぺんから落ちたんか？
いいえ
七段目
いいなぁ
若だんなは
定吉という仲間を
見つけたんだね
これから
家の仕事に
精を出すんじゃ
ないかな
そーゆー
考え方も
あるか
私も
仲間が
ほしい……

もたれ

ツレコラム6

「亭主の好きな赤烏帽子《えぼし》」

この『七段目』という落語を聴くと、「芝居好きはバカだね～」と笑い飛ばすのが正しい聴き方なんだと思いますが、当時からきっと芝居好きが周囲にいる人たちにとっては「あるある」ネタだったんだと思います。そして芝居好きな人にとっても「それオレだよ」ネタだったんだろうなと思う。作った人の芝居好きバカっぷりがよくわかる。

我が家の場合、相棒が宝塚歌劇が好きなので、ほとんどこの若だんな状態になっとります。我が家は「婦唱夫随《ふしょうふずい》」なので、相棒の歌劇好きに付き合って、僕がエリザベートの子ども時代のパパの役などを演じて合いの手を入れたりするのが家庭円満の秘訣《ひけつ》なのですが、まあ何か、そういう共通の「文化的よりどころ」がある夫婦というのは多いんじゃないかなと思う。もし、なかったら何か一つでもあるといいと思うよ。

最近「コミケッコン」というコトバを漫画関係の人たちの間ではよく聞いたりします。同人誌作ってコミックマーケットに参加することを共通の趣味として、見た目にはちょっとさえない二人がラブラブになってうまく暮らしている。ただ、そういう人たちは盆と暮れの里帰りをしないけどね。

僕らも、絵の専門学校で知り合って結婚したのですが、実は元祖コミケッコンみたいなところがあって、漫画やアニメの趣味が共通していたということがずいぶん救いになりました。「海が好き」というフレーズを見ると、わざわざ叫び直したりする相棒に、僕もずいぶんときめいたものです。

共通の好きな
ものがあるって
最強だと思う

芝浜《しばはま》
第18回
年末になると
聴きたくなる
落語があります
それがこの
「芝浜」
魚屋稼業の
勝五郎《かつごろう》さんは
お酒が大好きで
ちっとも働かない

冬のある日
女房に朝早く
起こされ
おまえさん
起きとくれよ
おまえさんっ
寒い中
しぶしぶ
芝の
魚河岸《うおがし》
に行くと
おいおい まだ
まっ暗だし
問屋だって
一軒も
あいてねぇ
かかぁのやつ
ひとつ刻《とき》を
まちがえて
起こしやがったな
戻るのも
ナンだし
浜にでも
下りてみるか
ザザーン ザザーン
誰もいない
夜明けの浜で
ぼんやり
たばこをふかし
顔を洗おうと
波打ち際に行くと
なんだ
こりゃ
革の財布を
見つけました

拾って開けると五十両の大金!!
（今で言えば数百万円）
ガーン
かかぁ大変だかかぁ!!
あおまえさん悪かったね刻をまちがえて
そんなこたぁどうでもいいんだよっ
見ろっこれ!!
おや財布じゃないか……え!?五十両!?
これで当分遊んでくらせる!!
もう商売なんか行くこたぁねぇ!!
おい熊と金公を呼んでこいっ
はっ
どうするんだい？おまえさんっ
飲むんだよっ!!
天ぷらにうなぎにさしみも届けさせなっ
酒買ってこい!!
……

勝五郎さん
どんちゃんさわぎして
ぐでんぐでんに
酔っぱらって
ぐうぐう寝こんだ
ワハハハ
ササ
キャキャ
翌日
おまえさん 起きとくれよ おまえさんっ
ふぁー よく飲んだ 水くれ
ハイ水っ
どうすんだい？ 昨日のお勘定
そんなの あの財布から 払っときゃいいだろ？
なんだい？
あの 財布って どの 財布？
昨日 芝浜で 拾った 五十両!!
ピカー
あぁいやだねぇ 貧乏してると そんな情けない 夢を見るんだねぇ
!!
昨日は商売にも
行かないで友だち呼んで
酒盛りして酔っぱらって
今の今まで寝てたんだよ
えっ
ポロッ

サリ
散財したのは本当のことか……
金を拾ったのが夢で……
これの勘定《かんじょう》どうしよう
そんなのがんばって働けばすぐに返せるよ
すまねぇ!! オレが悪かった もう二度と酒は飲まねえ
これから一生けんめい商売する!!
勝五郎さんはすっかり心を入れかえて仕事をしました
えーさかなやーさかなー
三年後
裏長屋の貧乏魚屋だったのが
表通りに店を構えるほどになりました
その年の大みそか
ゴーン
家ん中がぴかぴかで落ちつかないねぇ
あたしの夢は新しい畳《たたみ》で正月を迎えることだったんだよ
おまえさんの稼ぎがいいから夢が叶《かな》ったたよ

ゴーン
しかし三年前の大みそかとは大ちげぇだな
あの頃は借金で首が回らなくてなぁ
それもこれもおまえさんが心を入れかえて働いてくれたからだよ
おまえさん
この財布に見覚えはない？
そういやこんな財布を拾った夢を見たことがあったっけ
夢じゃなかったんだよあたしがウソをついたんだよ
！
なにっ
おまえさんはたしかに芝浜で五十両入りの財布を拾ったんだよ
!!
でもねおまえさんはこの金があれば遊んでくらせる商売なんかしないいって酒を飲み出したんだよ

おまえさんが寝ちゃったあと大家《おおや》さんに相談したら
これはお上《かみ》に届けよう
十両盗《と》れば首が飛ぶんだもの手を出したら大変なことになる
それで アレは夢だってことにしたんだよ
そしたらおまえさん
お酒をやめて一生けんめい働き出した
一年たっても落とし主がわからなかったから財布はお下げわたしになって戻ってきたんだけど……
ここでおまえさんにすぐ見せちゃったらせっかく心を入れかえて働いてるのに
また なまけ者になるんじゃないかって心配で……

今日の今日まで
かくしてたん
だよ!!
ごめんよぉ～
そうかい
そういうこと
だったのかい
ま
お手を
お上げ
ください
!
オレはおまえに
お礼を言わなきゃ
ならない
おまえは
出来た女房だ
ありがとう
それじゃ…
ゆるして
くれるんだね？
この
お金のこと…
いつ言おうか
ずっと迷ってて
……
わーん
ありがとう
今日は
いい年越しだ
お酒をお飲みよ
えっ
いいのかい？

それなら一杯もらおうかな
あいよっ
やっぱりやめとこ
ゴーン
どうして？
また夢になるといけねぇ

このハナシを聴くと
夫婦のあり方を
考えさせられます
ウチの場合は
どうだったかな
ウチは結婚二十二年
「もしも
〜だったら」
みたいな話は
長年つれそった
夫婦だと 何かしら
あるのかも
でも
「もしも」が
あったと
しても
今のままが
いいと思いました

第19回
初天神《はってんじん》
初天神とは
その年の一番初めの月に
天神さまをまつる
天満宮に立つ縁日のこと
落語の「初天神」は
金坊とお父《と》っつぁんで
その縁日に行く
ハナシです
お父っつぁん
金坊

お父っつぁん どこ行くの？
どこも行かないよ
行くよ!! 羽織《はおり》を着てるもの 一緒につれてって!!
ぐいっ
だっ大事な仕事の用事だからダメだよ
うそだ!! 仕事にあぶれてるの 知ってるよ つれてって!!
ぐいっ
天神さまのお詣《まい》り 金坊も一緒につれてっておやりよ
しょーがねえなぁ
わーい
そのかわり なんか買ってって言うんじゃないぞ
私も天神さまの縁日は好きで あちこち行ったなぁ
京都の北野天満宮の縁日はおもしろかったなぁ
神社の縁日って いろんなお店が出て 楽しいんだよね

わたあめ
チョコバナナ
りんごあめ
おめん
ヨーヨーつり
金坊もさっそく何か買ってほしくてたまらなくなってきました
お父っつぁん大福売ってる買ってよ
そら来た
ダメだ大福は毒だ
じゃあみかん買って
みかんも毒だ

じゃあ
バナナ
バナナも
毒だ
もっと子どもが
ねだるような
あめ玉とかなら
いいけど…
じゃあ
あめ玉買って
ここには
売ってない
売ってるよ
お父っつぁんの
後ろ
えっ
あめ
けっ　このやろう
なんだって
こんなところに
店を出してんだ
金坊はあめ玉を
買ってもらいました
そう
縁日って
なんで
こんな所に
これを売ってるのって
いう響きが楽しいよね

寒い冬に
朝早くから行った
縁日で食べた
あったかいうどん
おいしかったなぁ
こんなところでうどんを売ってるなんて思わなかった
金坊もうれしそう
あめって甘くて うまいね
安いし長持ちするし いいね
だまって歩きな
ホラ そこぬかるんでるから気をつけて着物を汚したらおっ母《かあ》に叱《しか》られる
ヒョコ
ヒョコ
べちゃ
あっ
ホラ言わんこっちゃない!!
バシッ

今のであめ玉が落ちた
何!? どこに落としたっ
どこだ見あたらないぞっ
オロ オロ
お腹の中
はっ
食べちゃったんだね?
なんか買って!!
ダメだもう買わない
買って 買って 買って 買って
買って〜

しょーがねえなぁ
金坊は大きなたこを買ってもらいました
よし まずオレがあげる
オレは子どものときたこあげが得意だったんだ
ほうら どうだい高くあがりやがった
気持ちいいなぁ
お父っつぁんあたいにもやらせておくれよ
わくわく
待て待てちょっと待て
やりたいよっやらせてよっ
うるさいっ
たこあげなんて子どものするもんじゃねぇ

えっ
あーあ こんなことなら お父っつぁんを つれてくるんじゃなかった
ふ
くるっ
ちーと君っ
今度一緒に縁日行こうよ!!
ダメダメ 行かないよ
なんで——?
どうせハハが買い物に夢中になってオレはタイクツで
あーあ ついてくるんじゃなかったって思うもん
息子には見抜かれてるな

第20回
あたま山《やま》

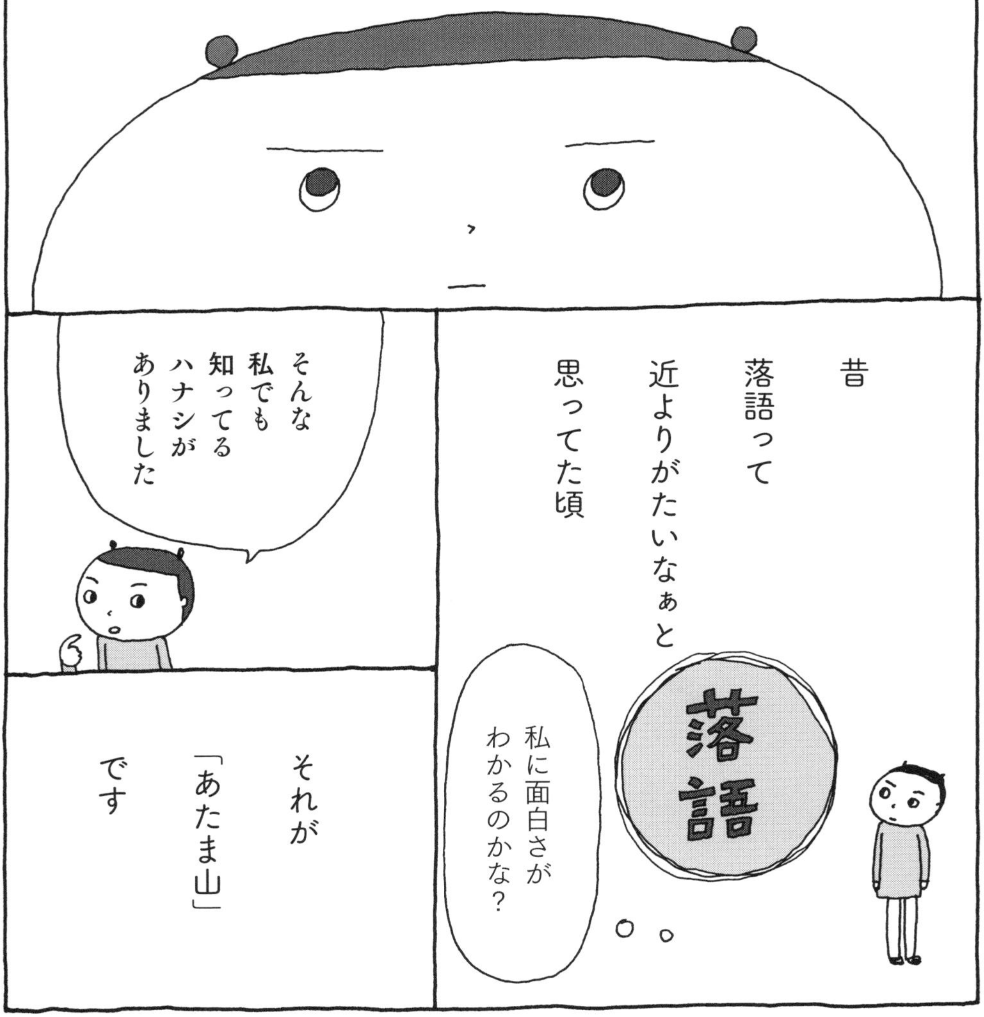
昔
落語って
近よりがたいなぁと
思ってた頃
落語
私に面白さが
わかるのかな？
そんな
私でも
知ってる
ハナシが
ありました
それが
「あたま山」
です

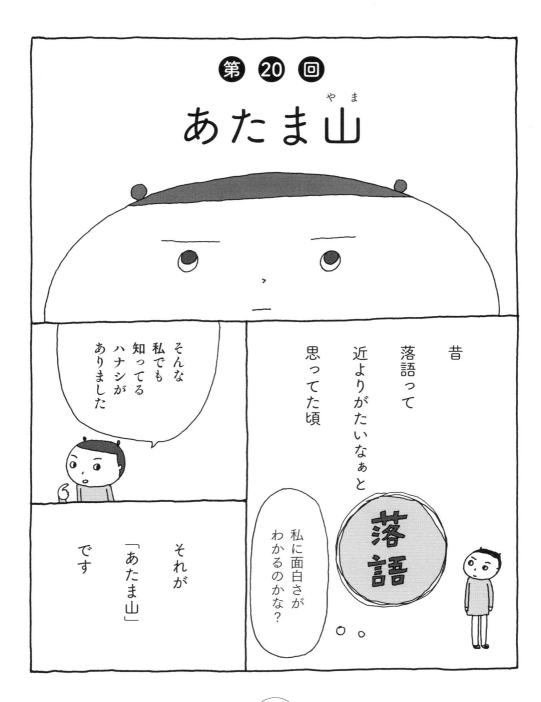

気の短い男がいました
あわてて
さくらんぼを
食べたら
ウッカリたねを
飲みこんでしまった
ごくん
しばらく
すると
頭の
てっぺんから
芽が出て
にょき
にょき
りっぱな桜の木に
なりました

桜は満開の
花を咲かせ
すごい桜の木が
あるんだって
花見に行こう
あたま山って
言うらしいよ
まァ
たくさんの
人たちが
集まって
きました
たくさんの
人たちは
桜の木の下で
どんちゃん
さわぎをして
楽しみました
どんちゃん
どんちゃん
あー
うるさい
うるさい
うるさい

毎年
こんなに
さわがれ
たんじゃ
かなわない!!
男は
桜の木を
引っこ抜き
ました
ズボッ
すると
引っこ
抜いた
あとの
穴に
ザー
水がたまって
コイだの
ナマズだのが
泳ぐ
みごとな
池に
なりました
チャプン

あたま山に池ができたんだって
今度はあたま池か
またもや男の頭に
人が集まってきました
ドーン
うるさいうるさいうるさい
こんなことが続いたらどうにかなってしまう
そうだ！池に飛びこんで死んじまおう

男は 自分の
頭の池に
身を投げて
しまいました
は?。
自分の頭の池に
身を投げる?
自分の頭の上に
できた池
ここに 自分の身を
投げる

どうやって〜〜〜!?
ヘンテコなハナシ〜〜
みなさんもフシギだって思うでしょ?
でも 頭の上に桜の木がはえるっていうのはわかる気がするんです
私もかつてベストセラーという花が
頭の上に咲いたことがあります
ベストセラー

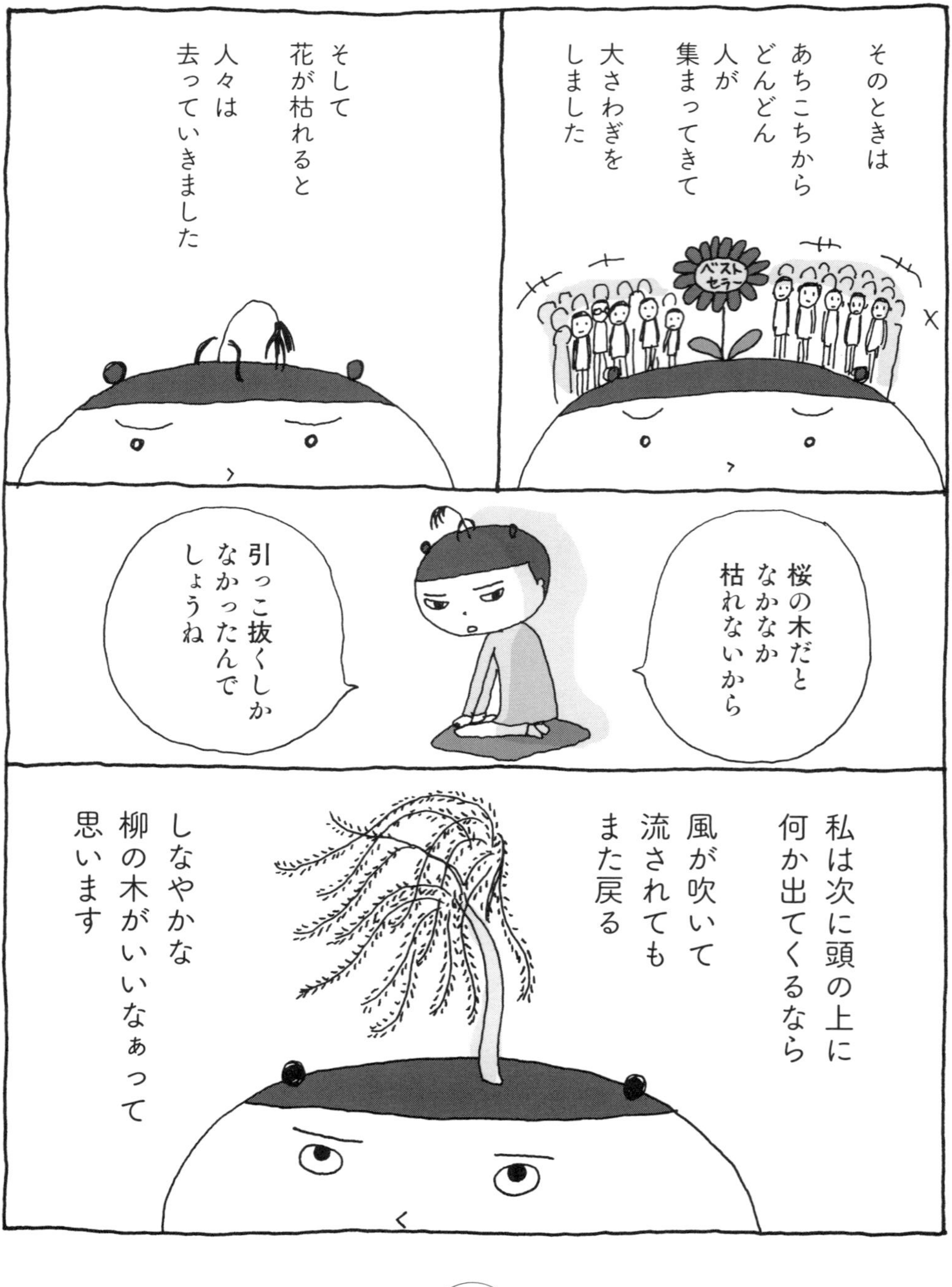
そのときは
あちこちから
どんどん
人が
集まってきて
大さわぎを
しました
ベスト
セラー
そして
花が枯れると
人々は
去っていきました
桜の木だと
なかなか
枯れないから
引っこ抜くしか
なかったんで
しょうね
私は次に頭の上に
何か出てくるなら
風が吹いて
流されても
また戻る
しなやかな
柳の木がいいなぁって
思います

トリ

ツレコラム7

「生きにくさを笑い飛ばそう」

落語の『あたま山』を聴くとなんかドキッとします。不条理なSF小説みたい。自分の頭にできた穴へ飛び込んで死んでしまうというのは、自分のしっぽを飲み込んで消えてしまったという蛇みたい。

うつ病を病んだことがある僕にとっては「人が集まってきてイヤだ」と思って、桜を引っこ抜いて穴になったのに、わけのわからないものがドロドロ出てきて、やっぱりまた人が集まってきてイヤだ。華やかだった自分自身もイヤ、ドロドロした自分自身もイヤ、だから死にたい……と思ってしまうところが、うつ病的だなーと思ったりもします。

そんなものが詰め込まれているのに、それを笑いに変えてしまうというのも凄い。落語には、カラッとした笑いやほのぼのとした笑いもあるけど、ヒヤッとした笑いもある。

落語の演者のテクニックは、自らが「語り手」として客席とのコミュニケーションをこなしながら、クセの強い登場人物が絡むコミュニケーションの世界を、一人で何役もこなしながら、「そこに生きているみたいに」演じてみせます。

どう考えても生きるのが上手じゃない、生きにくさと隣り合わせの人たちが、貧乏だったり喧嘩っ早かったり間抜けだったりしながら、どうにか生きているというときもあるし、失敗して死んじゃうときもある。僕らは笑いながらそれを聴いて、笑うことで自分たちの人生を「ずっと上の方から」見下ろすように俯瞰《ふかん》することができたりします。話術のテクニックに長《た》けた落語を聴くことは、上手な生き方につながるものがあるようだとも思う。でも口が巧《うま》い落語家も、けっこう生きるのヘタだったりもします……。

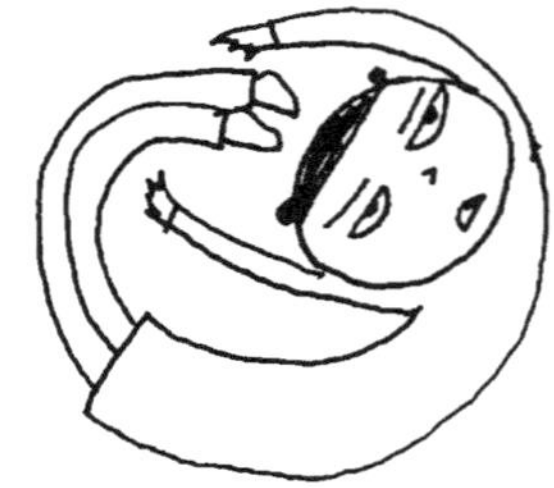

ずっと生きづらくて
悩んでた私
自分も 頭の上にできた池に
とびこむような不自然なこと
してたのに 気づく

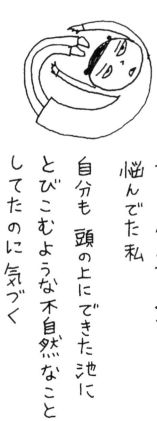

第21回 牛《うし》ほめ

私は小さい頃から母親に
どうせ何をやってもうまくいかないよ
人生にはいいことなんて何もない
と言われて育ってきたので
ずーっと ネガティブな悪いコトバを言ってきました
どうせ私なんて何やってもうまくいかないんだ
私は何もできないダメ人間だし
私なんて顔がオタフクだし

その結果
長年 自分に
言ってきた
悪いコトバが
ふりつもって
…ダメ
…ブサイク
…サイテー
…サイアク
ブザケンナー
すぐキレる
私を
ネガティブ
思考クイーン
にしてました
そうですね
はっ
釈先生……
コトバには
コトバを使って
ある方向へ誘導
しようとする
力があります
日本書紀に
「生野《いくの》」という言葉が
出てきますが
もともと
「死野《しにの》」でした
死という字が
縁起が悪いから
変えたんです
植物の
アシ(悪し)をヨシ(善し)と
言い直したり
昔から
悪い意味のコトバを
良いコトバにかえて
使ったりしてます
スリバチ
←
アタリバチ
スルメ
←
アタリメ
おから
←
うのはな

古代「国ほめ」という
儀式がありましたが
それは この国がいかに
すばらしいか ほめると
いいことが起こる
という神事なんです
へー
コトバって どう使うかで 良い方向にも 悪い方向にも 仕向けられるんですね
しゅ
悪い方向
私のこと？
あ そうそう コトバをあつかった 落語に「牛ほめ」が あります!!
ピカー
うっ
まぶしい
「牛ほめ」
佐兵衛《さへえ》さんが家を建てたと いうので ほめに行くよう 父親に頼まれる与太郎《よたろう》

ほめりゃ いいんだな？
何を言うか 教えるから 覚えなさい
佐兵衛さんの家に行ったら
「このたびは ご普請《ふしん》がご落成 おめでとう ございます 今日は拝見に あがりました」
そう言えば 座敷に あげてくれるから ほめろ
まず
「家は総体《そうたい》 ひのきづくりで ございますすな」
言ってごらん
「家は総体 ヘノキづくりで ございますすな」
ヘノキじゃ なくて ヒノキだよ それから
「左右の壁は 砂《すな》ずりですか」
「佐兵衛のかかあは ひきずりですか」
そんなこと 言ったら ケンカになる

「たたみは備後《びんご》の五分縁《ごぶべり》」
「たたみは貧乏のボロボロ」
新築なんだ たたみがボロボロの はずがない
「天井は薩摩《さつま》のうずら木目《もくめ》」
「天井はさつまいもとうずら豆」
なんか ハラが へったなあ
「お庭はすべて御影《みかげ》づくし」
「お庭はすべて見かけだおし」
ダメだよ そんなこと 言っちゃ

さぁ 最初《はな》から 通して言って ごらん
言えないよ さっぱり わからない
じゃあ 書いてやるから 見られない ようにして 読めばいい
あぁ それから
台所の大黒柱に 大きなふし穴があって 佐兵衛さんはたいそう 気にしてるから こう言ってごらん
秋葉《あきば》さま(防火の神様)の お札を貼ったらどうです 穴がかくれるうえに 火の用心になります
秋葉神社 火難除御守
与太郎は佐兵衛さんの 家に行き なんとかほめる ことができ
お札のことで感心されて おこづかいをもらえました

父親に「ついでに牛もほめてこい」と言われたので 牛もほめに行きます
牛をほめる時は「天角《てんかく》・地眼《ちがん》・一黒《いっこく》・鹿頭《ろくとう》・耳小《にしょう》・歯違《はちご》う」とお言い
毛は黒
耳は小さく
頭は鹿のよう
角は天をさし
目は地面を向き
歯はくいちがってる
与太郎がほめてると
天角・地眼… あれ この牛
ボトボトン
ふんをしやがった
ありゃ
これは悪かった せっかく与太郎がほめてくれてるのにな
牛は尻の穴にしまりがないのが弱るな
尻の穴が心配なら秋葉さまのお札を貼るといいよ
穴がかくれて への用心になる

火の用心と 屁の用心か・・・
コトバって ちょっと 変えるだけで 正反対の意味に なるんですね
だから貂々さんも 自分に向けてた 悪いコトバを 少し変えて 良いコトバにして
自分を たくさん ほめて ください
どうも私 なんだか 何やっても うまくいきそう
私は うたれ強い カメ人間だし
私はお多福だから シアワセがたくさん来る
私も いいことが 起こるよう 「自分ほめ」を します

第22回
お文《ふみ》さん
（前編）
突然ですが
私の夢は落語を聴いた人が仏教について考えてくれることなんです
落語大好き 釈先生
ぬっ
えっ そーなんですか？
貂々さんも落語の世界にけっこう仏教が入りこんでるって気づいたでしょ

というわけで
ガラガラガラ
「これぞ仏教」という落語は何でしょーか
!
どう反応していいかわからない
時間切れです
ぶー
チッチッチッチッ
正解は
「お文さん」でーす
お文《ふみ》さん
どう反応していいかわからない
ふふ
その理由は
私が復興させた落語だからです
えー??

「お文さん」というのは
浄土真宗のえらいお坊さん
蓮如上人《れんにょしょうにん》が書いた
お手紙のこと
このお手紙は
「御文章《ごぶんしょう》」とも言って
朝晩のお勤めの時に読む
ありがたい文章
それを題材にしておもしろおかしく落語にしちゃったんですね
へー
落語ってホントに何でもアリなんですね

でも
実はこの落語
やる人がほとんど
いなくなっちゃってたんです
えっそれは
どうしてですか？
もともと
「お文さん」が
何なのか
知ってないと
オチがわかりづらい
んだと思います
あー　なるほど
どーしても
どーしても
誰かに
やってほしいから
いろんなところで
お願いしたんです
誰か復興させて
お願い
オネガイ
どうしても
聴きたいの
言ってみるもん
ですねぇ
六代目
笑福亭松喬《しょきょう》さんが
やりましょう
って言って
くれたんです

それで五代目桂文枝《ぶんし》（書いた当時は桂小文枝《こぶんし》）さんが書き残したネタ本を元に私がリライトしました!!
わっ
それって落語大好きの釈先生にとって最高のシアワセじゃないですか
けど何回も何回もダメ出しがありましてね
ふぅ
OKが出るまでの道のりは長かった〜
夢を叶《かな》えるための苦労はつきものなんだな
そしてやっとやっとOKが出て松喬さんが高座で「お文さん」をやる日が来ました

客席に座り
ドキドキドキドキドキ
神妙な顔をして緊張する釈先生
わっ
ドキ!
はじまった!!
テケテンテンテン
ドキドキ
フフフフフ
はっ
ウケてる
ワハハハハ
笑ってる
笑ってる
アハハハハハ
場内の笑い声とともに釈先生の目からは自然と
涙があふれ出すのでした

釈先生大感動!!
ひーーん
このオッサンなんで泣いてんねん
休けい時間余韻《よいん》にひたっていると
さっきの「お文さん」おもしろかったなぁ
はっ
ワシ 何十年も落語聴いてるけどあのハナシははじめてだったわ
ワシもじゃ
あの中に出てきた「朝《あした》には紅顔《こうがん》ありて夕《ゆうべ》には白骨《はっこつ》となれる身なり」っていうの子どもの頃に聞いたことあるわ
あぁ それじゃあんたんとこ浄土真宗でっせ

落語を聴いたあと仏教の話に花が咲いてる!!
釈先生の
そうなったらいいいな
という夢が目の前で現実になった瞬間でした
また涙しながら小さくガッツポーズする釈先生
ぐっ
そういう私の思いがたくさん詰まった落語が「お文さん」なんです
えへっ
ステキ!! 聴いてみたいです!!

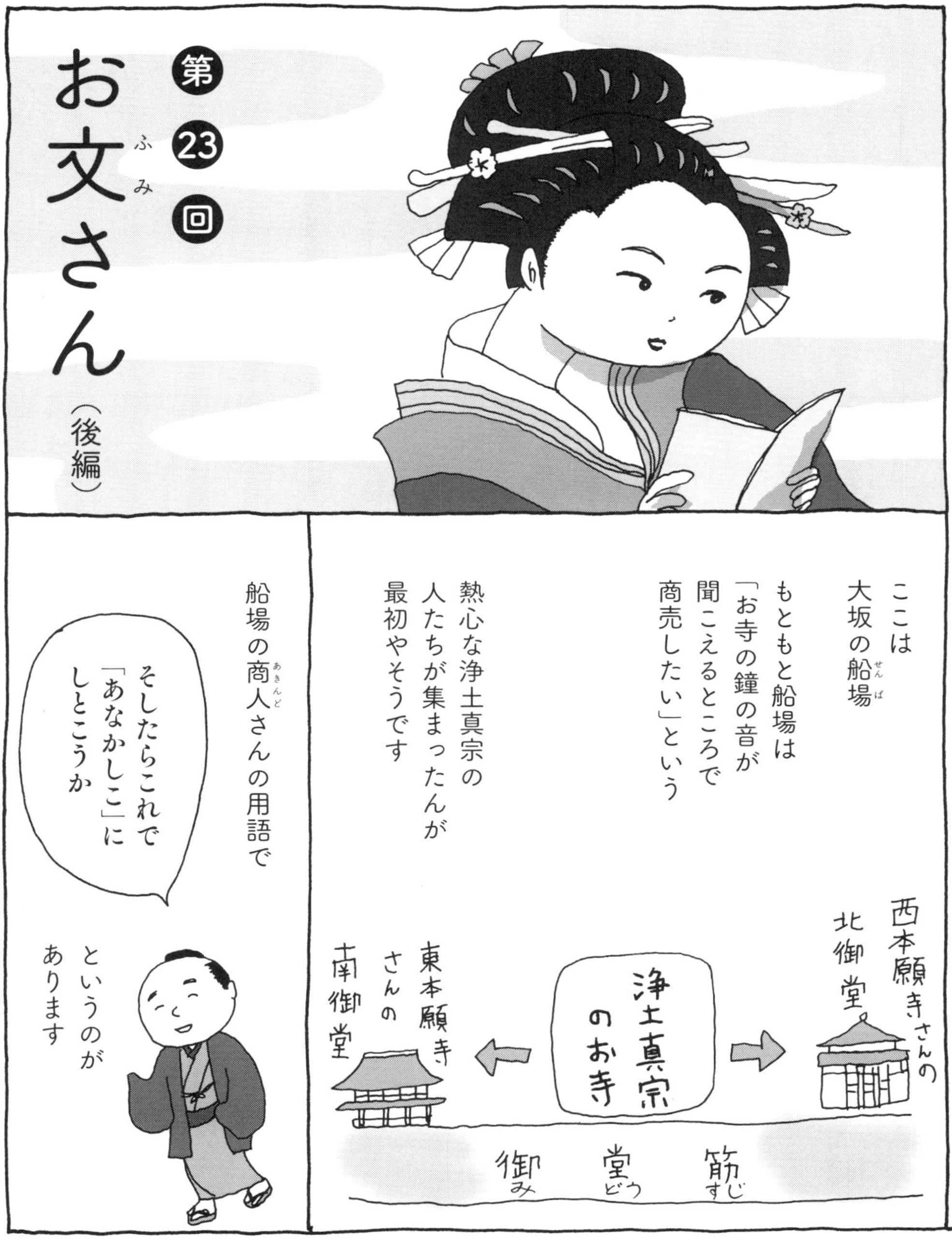

第23回
お文《ふみ》さん
（後編）
ここは大坂の船場《せんば》
もともと船場は「お寺の鐘の音が聞こえるところで商売したい」という
熱心な浄土真宗の人たちが集まったんが最初やそうです
西本願寺さんの北御堂
浄土真宗のお寺
東本願寺さんの南御堂
御《み》堂《どう》筋《すじ》
船場の商人《あきんど》さんの用語で
そしたらこれで「あなかしこ」にしとこうか
というのがあります

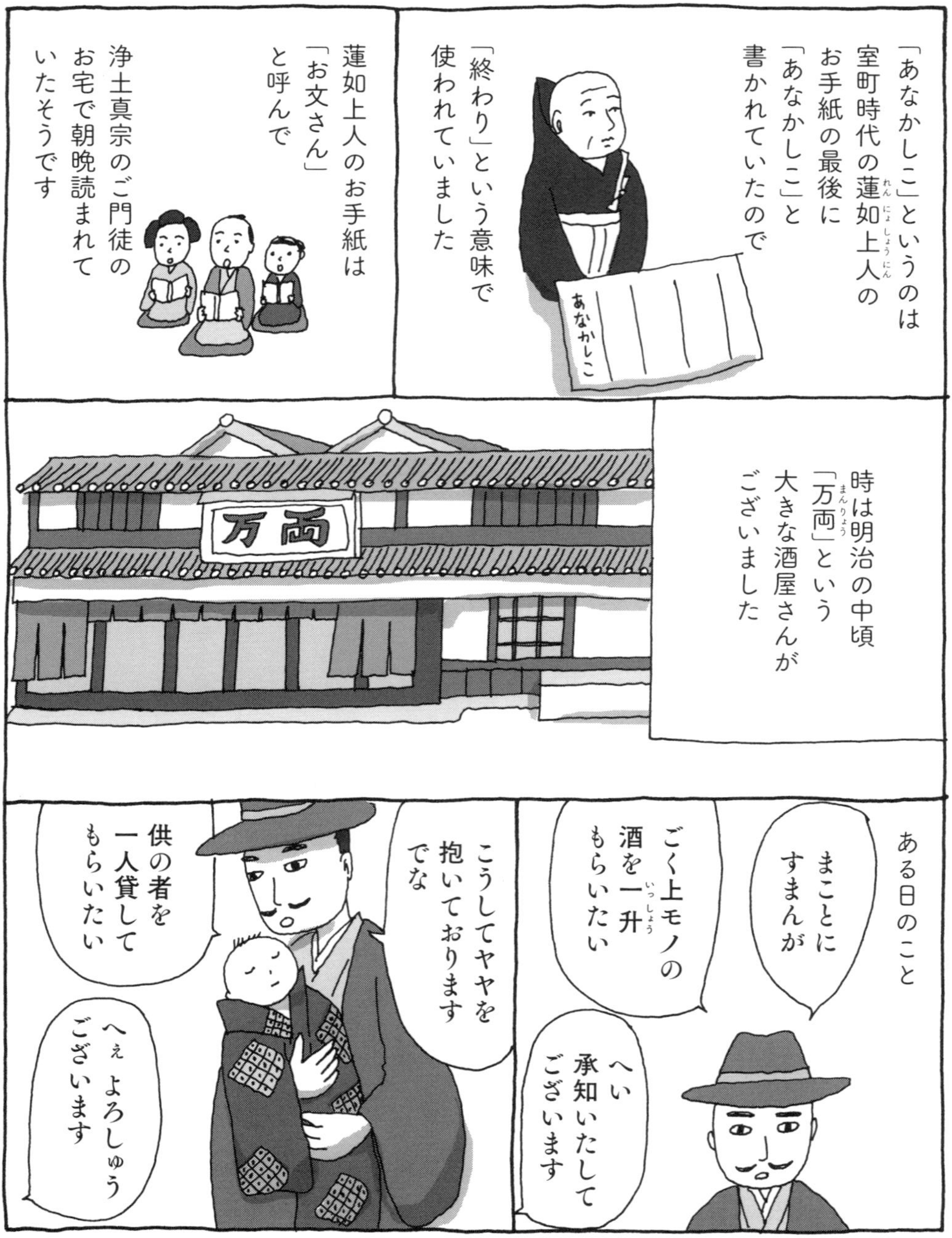
「あなかしこ」というのは室町時代の蓮如上人《れんにょしょうにん》のお手紙の最後に「あなかしこ」と書かれていたので
あなかしこ
「終わり」という意味で使われていました
蓮如上人のお手紙は「お文さん」と呼んで
浄土真宗のご門徒のお宅で朝晩読まれていたそうです
時は明治の中頃「万両《まんりょう》」という大きな酒屋さんがございました
万両
ある日のこと
まことにすまんが
ごく上モノの酒を一升《いっしょう》もらいたい
へい 承知いたしてございます
こうしてヤヤを抱いておりますでな
供の者を一人貸してもらいたい
へぇ よろしゅうございます

定吉《さだきち》
定吉
丁稚《でっち》の定吉が呼ばれて
お供をすることに
へーい
しばらく行くと
先方が留守では
具合が悪い
様子を見てくる
でな
その間
すまんが
このヤヤを
抱いておいて
もらいたい
へぇ
よろしゅ
おます
わて ヤヤ抱くの
好きだんねん
けれども
そのお方《かた》
一時間経《た》っても
戻ってきません
なんと その赤ちゃんは
捨て子だったのです
店の主人は
喜んで
この赤ちゃんを
子どものいない
我が家で育てる
ことにします
さっそく
手伝いの又兵衛《またべえ》の
ところに 乳母を
世話してもらうよう
定吉に行かせます

そこで定吉は
真実を知る
のです!!
丁稚の
定吉は見た!!
捨て子は
若だんなと
おめかけの
お文さんの
子だった!!
万両
主人
息子
若旦那
夫
夫妻
ご寮人《りょん》さん
妻
子どもが
いない
定吉が万両に
連れ帰った
赤ちゃん
男の子が
生まれた
鰻谷
おめかけ
お文さん
元一流の芸妓
乳母として
万両に入り
家族三人同じ
屋根の下で暮らす
赤ちゃんの乳母として
入ったお文さんは
器量良しで あっという間に
評判になります
おい
定吉っ
へーい
みんな
あいつのことを
乳母《おんば》どんと
呼んでるのに

おまはんだけ「お文さん」と呼んでる
おまえ 前から知ってるからな
バレてしまうと困るから あいつを文さんと呼んだらあかん
「お」とか「さん」をつけるな
今度 文に「さん」つけたら ここから追い出してまうで!!
へえ
重々 気ぃつけますぅ〜〜
どーも おかしな具合や
アヤシイ
さて この家に「雀のお松」という コワーイ女子衆《おなごし》(下女)がいました
定吉とん 定吉とん
なんぞ用かい?
これ ご寮人《りょん》さんから 食べなはれ
うわぁ おまんじゅう
いただきまーす
おいしいなぁ
ぱくぱく

そのおまんは
普通のおまんや
ないで
食べて
ウソついたら
血吐いて死んで
しまうのやで
えっ
さぁ
ホンマのこと
言うてしまい
なはれっ
乳母《おんば》どんと
若だんなのこと
言うてしまい
なはれ!!
血吐いて
死ぬで!!
定吉は
真実を
言って
しまいました
まぁ
そうやった
んか…
それで
若だんなは
私のことを
何か言うて
はるか?
ふらっ
ご寮人さん
折を見て
落ち度があったら
因縁つけて
追い出して
しまうて
言うてはりました
ガーン
そっ そんな!!
ほっ ほんで
若だんな
今 何を
してはるんや
は 離れで
お…
!!
はっ
さっ
ふ…ふ…文
読んだはります

まぁ!
まぁ!
む
だっかああ
一つ屋根の下で私が何も知らんと思うて文のやりとりなんてして!!
腹立つぅ!!
はっ
離れの中はお仏間やわ
そーー
されば朝《あした》には紅顔《こうがん》ありて夕《ゆうべ》には白骨《はっこつ》となれる身なりー
定吉とん文を読んでるなんてあれは御文章《ごぶんしょう》お文さんやないか
それを文を読んでるなんて言うもんやさかい私カーッとして……
勢いよう戸を開けて飛びこんでたらこっちの落ち度に言われてしまうところやったないか
お文さんならお文さんとなんで言いなはらんのや!!
アホらしい
文に「さん」つけたらわてが追い出されてしまいます

どうだった?
釈先生がリライトしたお文さん
オチがわからん
はっ
釈先生 ツレがわからないと言うので
浄土真宗の「お文さん」のことを一生けんめい説明しました
線香くさー
この落語を聴いたあとにちゃんと仏教の話に花を咲かせましたよ
これからも落語の面白さを教えてください
あなかしこ

第24回
ざる屋《や》
私は縁起をかつぐのが大好き
自分自身がお多福になりたいくらい
小さい頃から
私は不幸!!
だと信じて生きてきたので

こんな私がシアワセになるためには縁起にすがるしかないと思っていたのです
縁起
お願い シアワセにして!!
一粒万倍日《いちりゅうまんばいび》（一つのことが万倍になる日）
天赦日《てんしゃにち》（万事にわたって最上の日）
大好き♡
新月 大好き♡
願い事をするとかなう
流れ星 もっと大好き♡
出会えたらすぐお願いする
パワースポット 大好き♡
パワースポットツアーにも参加
私の仕事場の周りにはさまざまな縁起物が置いてあります
招き猫
ミニ熊手
熊手
宝
福
宝船
大入袋
祝
小判
針水晶
ふくらすずめ
カメ
恵比寿
大黒
打出のこづち

たくさんの縁起物に
囲まれて
ほどよく安心して
暮らしています
福
落語にも縁起を
とても大事にしてる人の
ハナシがあります
そのお店
くし屋さんなのに
十三屋《じゅうさん》という
くしは
苦死で縁起が
悪いから
九《く》と四《し》を
足して十三に
しました
ホホホ
十三は
とみとも呼んで
縁起が良い
その店の前を通る
ざる屋さんが
いました
米があがる
米あげざるー
あのざる屋は
かけ声が
ちがうねぇ
オヤ
ふつうは
「ざるやみそこし」
って言う

私は「ざるやみそこし」っていうのは 最後に「死」がつくからキライだったんだけどアレはいいいねぇ
番頭さんちょっとあのざる屋を呼んできておくれ
へいっ
のれん頭で
パッ
はねあげ・・させていただきます
さあさあこっちへあがっておくれ
とびあが・・らせていただきます
ぴょん
あがるあがるなんてうれしいねぇ
お前さんに聞きたいことがあるんだ
なんでしょう？
朝昼夜どれが一番好きかい？
誰がなんと言おうとも夜が好きです

ホウ
夜とはどうして？
夜にはツキがあるからです!!
キャー
さっそくおこづかいあげましょう
それでお前さん出身はどこだい？
信州は
上田でございます
伊豆下田って言ったらひっぱたこうかと思ったけど
もう少しあげましょう
お前さんに家族はいるのかい？
嫁が一人娘が三人おります
娘さんの名前はなんてんだい？
一番上がフジコ
二番目がタカコ
三番目がナツミ

これを合わせると
一フジ
二タカ
三ナツミ
夢のような名前だねぇもう少しあげましょ
キャー
それでお前さん住んでる所はどこだい？
はなは登戸《のぼりと》
次は押上《おしあげ》今は上野の高台に暮らしております!!
また夢のような暮らし してるねぇ
もう少しあげましょ

肝心なことを忘れてた
お前さん名前はなんてんだい？
茶柱立《ちゃばしらた》つ夫《お》と申します
キャー
金庫ごと持ってこい!!
え、
いいんですか？
いーのいーのこの人に幸せになってもらいたい
これがホントの
いっちょあがり
ところで縁起をかつぐのが好きな私は
縁起物を作るのも好きです
紙ねんどや木で作ったり
絵を描いたり

息子が
夜 コワイ夢を見るかも知れないから眠れない
と言った時は宝船の絵を描きました
なかきよの
とおのねふりの
宝
みなめさめ
なみのりふねの
おとのよきかな
最近は毎日シアワセだったことを見つけるようにしてます
毎日シアワセだと実感することで福を呼びこめる気がします
落語の登場人物たちと同様うまくいかないときだって
考え方しだいでふくふくとシアワセになれます
ステツク テンテン ステツク テンテン
この作品を読んでくださった皆様にもお多福 来い来い！

あとがき

あるところになんでも悪く考えてしまう女がいました。名前を「てん」と言います。てんはアホみたいになんでも悪く考えてしまいます。たとえば朝起きようと目を開ける前「ああ、もしも寝てる間に自分は死んでてこのまま目を開けたらあの世だったりしたらどうしよう。極楽だったらまだいいけど、地獄で怖い鬼がたくさんいる世界だったらどうしよう」。そう考えたら怖くて目を開けられなくてまた眠ってしまうのです……。

私は子どもの頃から物事をなんでも悪い方に考えてしまう癖がありました。自分ではこの癖をひとつの人格と捉えていて「ネガティブ思考クイーン」と呼んでいました。まるで私は女王様に悪い考えをするよう支配されている感じがしていたのです。

私はこのネガティブ思考クイーンのせいで恋愛や仕事なども含めて日常生活が上手く進まないでいたので、この悪い癖をなんとかしたい、自分から引き離したいといつも考えていました。

そしてネガティブな自分なんかダメだ。こんな私はダメ人間だ！と自分を否定ばかりしていました。この世で一番自分のことがキライでした。

釈徹宗《しゃくてっしゅう》先生にお会いして落語の世界を知りました。落語を聴いてみると主役をやっている人たちはダメ人間が多いです。「こんなどーしようもない人たちでも落語の世界なら主役になれるんだ。ということは、もしかして私は落語の世界だったら主役になれるのかも……」。そう考えるといろんな空想が浮かんできます。私だったらどんな内容の落語に登場できるだろう？　なんて想像してるとワクワクするというか、楽しい気持ちになれました。
そんなふうに落語を通して希望が持てたというか、励まされたんです。

私のように「自分なんてダメだ」と思って生きづらく感じてる人がいたら、ぜひ落語を聴いてみてください。落語の世界にどっぷりハマってみてください。ここに出てくる主人公より自分はマシかも知れないって（あるいは仲間だ！と）笑いながら思えるかもしれません。

最後になりましたが「生きづらさを感じてる細川貂々だから面白い落語のエッセイ漫画が描けるのでは？」と声をかけてくださった橘高真也さん、ありがとうございました。
私に落語の世界を教えてくださり、そしてマンガの中にも出演してくださいました釈先生、ありがとうございました。
そしてこの本を読んでくださった皆様、本当にありがとうございました。またどこかでお会いしましょう！

落語と出会ってネガティブ思考クイーンと縁が切れた細川貂々

お多《た》福《ふく》来《こ》い来《こ》い

てんてんの落《らく》語《ご》案《あん》内《ない》

2018年7月31日　初版第1刷発行

著者　細川貂々（てんてん企画）
発行人　鈴木崇司
発行所　株式会社小学館
〒101-8001　東京都千代田区一ツ橋2-3-1
編集　03-3230-5585　販売　03-5281-3555
印刷所　大日本印刷株式会社
製本所　株式会社若林製本工場

販売　中山智子
宣伝　井本一郎
制作　長谷部安弘
編集　橘髙真也

本書は「女性セブン」の連載（2017年8月24日号～2018年3月1日号）を再構成し、単行本化にあたって加筆、修正したものです。

Printed in Japan　ISBN 978-4-09-396543-9